Grundwortschatz

der italienischen Umgangssprache

zusammengestellt gemäß dem Einvernehmen zwischen dem Regierungskommissär
für die Provinz Bozen und den drei Vertretern des Südtiroler Landtages
(Art. 5 des D.P.R. vom 26. Juli 1976, Nr. 752)

für die gehobene und höhere Laufbahn

Patrimonio base

della lingua tedesca corrente

ai sensi dell'intesa tra il Commissario del Governo per la Provincia di
Bolzano e i tre rappresentanti del Consiglio provinciale
(art. 5 del D. P. R. 26 luglio 1976, n. 752)

per la carriera di concetto e direttiva

---

verfaßt im Auftrag des Landesausschusses Bozen von:
elaborato su incarico della Giunta Provinciale di Bolzano da:

P. Dr. Kurt Egger
Dr. Maria Luise Fischer
Dott. Clelia Giunchi-Platter
Dott. Andrea Vittorio Ognibeni

Fünfte Auflage - Quinta edizione

VERLAGSANSTALT ATHESIA

Grundwortschatz
der italienischen Umgangssprache

1 für die einfache Laufbahn
2 für die mittlere Laufbahn
3 für die gehobene und höhere Laufbahn
4 Verzeichnis der geläufigsten Ausdrücke in der Verwaltung für die gehobene und höhere Laufbahn

Patrimonio base
della lingua tedesca corrente

1 per la carriera ausiliaria
2 per la carriera esecutiva
3 per la carriera di concetto e direttiva
4 Elenco dei più comuni termini amministrativi per la carriera di concetto e direttiva

1986

Alle Rechte vorbehalten
© by Verlagsanstalt Athesia, Bozen (1977)
Gesamtherstellung: ATHESIADRUCK, Bozen
ISBN 88-7014-007-5

Geleitwort

Die vereinbarten Richtlinien für die Zweisprachigkeitsprüfungen in Südtirol sehen einen Grundwortschatz gestaffelt nach Laufbahnen vor.

Der Landesausschuß hat durch Fachleute (P. Dr. Kurt Egger, Dr. Maria Luise Fischer, Dr. Clelia Giunchi-Platter und Dr. Andrea Vittorio Ognibeni) eine entsprechende Auswahl treffen lassen. Sie berücksichtigt besonders den Bereich des öffentlichen Lebens, wodurch Wörter aus dem Bereich des Privatlebens ausgeklammert werden mußten. Dadurch unterscheidet sich diese Auswahl von Wortlisten, die unter anderen Rücksichten erstellt worden sind. Es sind auch Ausdrücke des lokalen Sprachgebrauches berücksichtigt worden. Aus diesem Grund gibt es keine volle Entsprechung aller Ausdrücke im deutschen und im italienischen Teil.

Der Landesausschuß will durch diese Auswahl zwei Ziele erreichen:

- *erstens, daß die Prüfungen seriös sind und in einer vernünftigen Zeitspanne zu einer echten, funktionierenden Zweisprachigkeit der öffentlichen Verwaltung führen;*

- *zweitens, daß den Kandidaten ein brauchbares Hilfsmittel für die Vorbereitung in die Hand gegeben wird.*

Die Wörter und Redewendungen sind im Einvernehmen zwischen dem Regierungskommissär für die Provinz Bozen und den drei Vertretern des Südtiroler Landtages gebilligt worden.

In diesem Bändchen stellen wir den Grundwortschatz für die gehobene und höhere Laufbahn mit 2000 Wörtern aus beiden Sprachen vor, mit dem Wunsch, daß es uns dem erwarteten Ziel näher bringt.

Dr. HANS RUBNER
Landesrat

Bozen, im April 1977

Presentazione

Le direttive concordate per gli esami circa la conoscenza delle due lingue in Alto Adige prevedono un patrimonio linguistico base distinto per carriere.

La Giunta provinciale ha provveduto alla relativa selezione per mezzo degli esperti P. dott. Kurt Egger, dott.ssa Maria Luise Fischer, dottoressa Clelia Giunchi-Platter e dott. Andrea Vittorio Ognibeni. La scelta dei vocaboli è stata fatta tenendo presente particolarmente l'ambito della vita pubblica e per questo sono stati omessi i vocaboli relativi alla vita privata. La selezione di conseguenza si distingue da elenchi di vocaboli, compilati con considerazioni diverse. Sono stati pure tenuti presenti i termini più usati in loco, e così non sempre c'è perfetta corrispondenza fra la parte tedesca e quella italiana.

La Giunta provinciale intende così raggiungere due mete:

■ *la prima che gli esami siano seri e che entro un periodo ragionevole si possa giungere nella pubblica amministrazione ad un bilinguismo vero e funzionante;*

■ *in secondo luogo: dare in mano ai candidati un mezzo valido per la loro preparazione.*

I vocaboli e i modi di dire sono stati approvati d'intesa tra il Commissario del Governo per la Provincia di Bolzano e i tre rappresentanti del Consiglio provinciale di Bolzano.

In questo libretto presentiamo il patrimonio linguistico base per la carriera di concetto e direttiva di 2000 vocaboli di entrambe le lingue, con l'augurio che possa essere di aiuto per raggiungere l'auspicata meta.

Dr. HANS RUBNER
Assessore provinciale

Bolzano, aprile 1977

Patrimonio base
della lingua tedesca corrente
per la carriera di concetto e direttiva

A

der Abend, -e — la sera
  abends — di sera
das Abendessen — la cena
das Abenteuer — l'avventura
aber — ma, però
  aber ja/nein! — ma sì/nò!
  das freut mich aber — questo mi fa piacere davvero
ab-fahren — partire
die Abfahrt, -en — la partenza
ab-finden (sich) — rassegnarsi, accordarsi
  er kann sich mit seinem Schicksal nicht abfinden — non sa rassegnarsi al suo destino
  er findet sich mit ihm nicht ab — non si accorda con lui
ab-geben — consegnare
  ich gebe den Brief beim Sekretär ab — consegno la lettera al segretario
  über etwas ein Urteil abgeben — dare un giudizio su qualcosa
der Abhang, ¨-e — il pendio, il versante
ab-hängen (von) — dipendere (da)
  es hängt von Ihnen ab — dipende da Lei
ab-holen — andare a prendere, ritirare
  wir holen ihn am Bahnhof ab — andiamo a prenderlo alla stazione
  ein Paket abholen — ritirare un pacco
das Abkommen, - — l'accordo, il patto, la convenzione
ab-laden — scaricare
ab-lehnen — rifiutare
  er hat das Angebot abgelehnt — ha respinto l'offerta
ab-machen — concludere, concordare
  abgemacht! — d'accordo!
ab-nehmen — diminuire, calare, dimagrire, levare
  die Bevölkerung nimmt ab — la popolazione diminuisce
  das Mädchen will abnehmen — la ragazza vuol dimagrire
  den Hut abnehmen — togliersi il cappello
das Abonnement, -s — l'abbonamento
  ein Abonnement auf etwas haben — essere abbonato a qualcosa
ab-reißen — staccare, strappare, demolire, abbattere
  wer hat das Plakat abgerissen? — chi ha strappato il manifesto?

warum wurde das Gebäude abgerissen? — perché è stato demolito l'edificio?

der Absatz, "-e — smercio, capoverso, tacco
eine Ware findet guten Absatz — la merce si vende bene
lesen Sie den nächsten Absatz des Textes! — legga il paragrafo seguente del testo!

ab-schaffen — abolire

der Abschied — l'addio, il commiato, il congedo
Abschied nehmen — congedarsi

ab-schleppen — rimorchiare, trainare
Abschleppdienst — autosoccorso

der Absender, - — il mittente

die Absicht, -en — l'intenzione
die Absicht haben (zu) — avere l'intenzione (di)
er hat es mit Absicht getan — l'ha fatto di proposito
absichtlich — volutamente, con intenzione, di proposito

die Abteilung, -en — il reparto, la ripartizione

ab-trocknen — asciugare

abwärts — (in) giù, in discesa
der Weg geht abwärts — la strada scende

ach! — davvero! ma no!
ach so! — ah così
ach was! — macché!
ach, das macht nichts — ma non importa

achten — badare, rispettare, stimare
achten Sie auf das Kind! — badi als bambino!
er ist sehr geachtet — è molto stimato

acht-geben — stare attento, fare attenzione
gib acht! — sta attento!

die Achtung — l'attenzione, la stima
Achtung, böser Hund! — attenzione cane cattivo!
Achtung auf den Zug! — attenti al treno!

die Adresse, -n — l'indirizzo

ähnlich — simile/similmente, somigliante
das sieht dir ähnlich — questa è una delle tue

alle — tutti
alle Menschen — tutti gli uomini
alle zwei Tage — ogni due giorni

allein — solo
er lebt allein — vive da solo

allerdings — veramente, certamente

da haben Sie allerdings recht	ha ragione, infatti
allerlei	ogni sorta di
alles	tutto
alles Gute!	tanti auguri!
alles in allem	tutto sommato
allgemein	generale, comune/comunemente
im allgemeinen	in generale, generalmente
zur allgemeinen Überraschung	con sorpresa di tutti
allmählich	un pò alla volta, gradualmente
als	più ... di, quando
er ist intelligenter als ich	è più intelligente di me
als er hinausging,...	quando uscì...
er tut so, als ob er mich nicht kenne	fa finta di non conoscermi
ich betrachte ihn als meinen Freund	lo considero mio amico
sooft als möglich	quanto più spesso possibile
also	dunque, quindi
wie war das also?	allora, com'era la cosa?
alt	vecchio, anziano, antico
er ist zehn Jahre alt	ha dieci anni
wir sind gleich alt	abbiamo la stessa età
alt werden	invecchiare
der Altar, "-e	l'altare
das Alter	l'età, la vecchiaia
das Amt, "-er	l'ufficio, la carica
Postamt	ufficio postale
ein Amt bekleiden	rivestire una carica
ein Amt niederlegen	dare le dimissioni, dimettersi
amtlich	ufficiale, ufficialmente
halbamtlich	ufficioso
an (+ Dat./Akk.)	a, da,
der Tisch steht am Fenster	il tavolo sta (vicino) alla finestra
stelle die Blumen ans Fenster!	metti i fiori vicino alla finestra!
(am) nächsten Montag	lunedì prossimo
es liegt an dir	dipende da te
das Schönste an der Sache ist, daß...	il più bello della cosa è che...
an sich nicht schlecht, aber...	mica male di per sè, ma...
an-bieten	offrire

der Anblick
  es bot sich ein schrecklicher Anblick
andauernd

ander, andere, anderes
  geben Sie mir eine andere Arbeit!
  alles andere interessiert mich nicht
  unter anderem
(sich) ändern
  er ändert seine Ansichten
  das Wetter ändert sich
an-erkennen
  einen Wechsel anerkennen
der Anfang, "-e
  anfangs
  von Anfang an
an-fangen
  fangen wir an!
  die Schule fängt um acht Uhr an
  von vorne anfangen
die Anfrage, -n
  auf Ihre Anfrage
der Angeklagte, -n
angemessen
angenehm

der/die Angestellte, -n
die Angst, "-e
  ich habe Angst vor ihm
  aus Angst
der Anhänger, -

an-kommen
  das kommt darauf an!
die Ankunft
  die Ankunftszeit
an-melden
  wen darf ich anmelden?

l'aspetto, la vista
  si presentò una vista terribile

continuo/continuamente, persistente

altro
  mi dia un altro lavoro!

  tutto il resto non mi interessa

  tra l'altro
cambiar(si), mutar(si)
  cambia le sue idee
  il tempo cambia
riconoscere, apprezzare
  accettare una cambiale
l'inizio, il principio
  da principio, all'inizio
  sin dall'inizio
cominciare, iniziare
  cominciamo!
  la scuola comincia alle otto

  cominciare da capo
la richiesta, la domanda
  in seguito alla Sua domanda
l'imputato, l'accusato
adatto
piacevole/piacevolmente, gradevole
l'impiegato/a
la paura
  ho paura di lui
  per paura
l'aderente, il sostenitore, il seguace, il rimorchio

arrivare, giungere
  dipende!
l'arrivo
  l'ora dell'arrivo
annunciare
  chi posso annunciare?

die Anmeldung, -en — la prenotazione, l'annuncio
   nach vorheriger Anmeldung — previo avviso
an-nehmen — accettare, supporre
   er nimmt das Geschenk an — accetta il regalo
   ich nehme an, daß er krank ist — suppongo che (egli) sia ammalato
   angenommen, daß… — supposto che…, dato che…
an-rufen — chiamare (per telefono)
   ruf mich an! — telefonami!
   ich warte auf einen Anruf — aspetto una telefonata
der Anschluß, "-sse — la coincidenza
   er verpaßt den Anschluß — perde la coincidenza
   er findet leicht Anschluß — fa conoscenza facilmente
(sich) ansehen — guardar(si), vedere, visitare
anständig — decente/decentemente, per bene
anstrengend — faticoso/faticosamente
der Antrag, "-e — la petizione, la richiesta, l'istanza
die Antwort, -en — la risposta
antworten (auf) — rispondere (a)
   antworten Sie bald auf meinen Brief! — risponda presto alla mia lettera!
an-wenden — usare, impiegare, applicare, adoperare
   ein Gesetz anwenden — applicare una legge
anwesend — presente
die Anzeige, -n — l'avviso, l'annuncio, la denuncia
   die Todesanzeige — l'avviso di morte
an-zeigen — denunciare, annunciare
   ich zeige Sie an! — La denuncio!
   die Richtung (an)zeigen — indicare la direzione
(sich) an-ziehen — vestir(si), metter(si), attirare
   ich ziehe mich an — mi vesto
   ich ziehe mir den Mantel an — mi metto il cappotto
   sich warm anziehen — coprirsi bene
der Anzug, "-e — il vestito (da uomo)
an-zünden — accendere
   zünde das Feuer an! — accendi il fuoco!
der Apfel, "— — la mela
die Apotheke, -n — la farmacia
   die diensthabende Apotheke — la farmacia di turno
der Apparat, -e — l'apparecchio
   wer ist am Apparat? — chi parla?

bleiben Sie am Apparat!	resti in linea!
der Appetit	l'appetito
guten Appetit!	buon appetito!
die Arbeit, -en	il lavoro
Arbeitsbuch	libretto di lavoro
arbeitslos	senza lavoro, disoccupato
arbeiten	lavorare
der Arbeiter, -	il lavoratore, l'operaio
die Arbeiterin, -nen	l'operaia
(sich) ärgern	arrabbiar(si), irritar(si), adirar(si)
du ärgerst mich mit deinen Fragen	mi fai arrabbiare con le tue domande
der Ärger	la rabbia, la collera, il risentimento
arm (an)	povero (di)
der Arm, -e	il braccio, le braccia
Arm in Arm	a braccetto
die Art, -en	il modo, la maniera, la specie, il tipo
auf deutsche Art	alla tedesca
das ist nicht seine Art	non è il suo modo di fare
der Artikel, -	l'articolo
einen Artikel führen	tenere un articolo
der unbestimmte Artikel	l'articolo indeterminato
der Arzt	il medico
der Gemeindearzt	il medico condotto
der Atem	il respiro, il fiato
außer Atem sein	avere il fiato grosso
atmen	respirare
auch	anche
auf (+ Dat./Akk.)	su, sopra, a, in
er sitzt auf dem Stuhl	siede sulla sedia
er setzt sich auf den Stuhl	si siede sulla sedia
auf einmal	di colpo
auf jeden Fall	in ogni caso
auf deutsch sagt man so	in tedesco si dice così
aufs neue	di nuovo
auf der Stelle	immediatamente
von klein auf	sin dall'infanzia
der Aufenthalt, -e	il soggiorno, la permanenza
auf-fallen	dare nell'occhio, colpire
mir fällt auf	mi colpisce

es ist mir noch nichts aufgefallen
    non mi sono ancora accorto di nulla
auf-hängen appendere, attaccare, impiccare
die Aufgabe, -n l'incarico, il compito
auf-geben spedire, impostare, rinunciare
    gib den Brief auf!
    imposta la lettera!
auf-heben raccogliere, sollevare, conservare
    die Briefe werden oft lange aufgehoben
    le lettere vengono spesso conservate a lungo
    er hebt das Papier vom Fußboden auf
    raccoglie la carta dal pavimento
    die Sitzung aufheben
    togliere la seduta
auf-hören finire, cessare, smettere
    hören Sie bitte auf zu schreien!
    (La) smetta di gridare, per favore!

auf-machen aprire
aufmerksam attento/attentamente
die Aufmerksamkeit l'attenzione
auf-nehmen accogliere, registrare, fotografare
    eine Sendung aufnehmen
    registrare una trasmissione
    er hat es übel aufgenommen
    se l'è presa male
auf-passen badare, stare attento, fare attenzione
    auf die Kinder aufpassen
    badare ai bambini
    paß auf!
    sta attento!
sich auf-regen eccitarsi, agitarsi
    er regt sich über jede Kleinigkeit auf
    si agita per ogni piccolezza
die Aufregung, -en l'agitazione, l'eccitazione
aufrichtig sincero

auf-stehen alzarsi, levarsi
auf-schreiben annotare
    schreib es dir auf!
    prendi nota!
der Auftrag, "-e l'incarico
    Ihrem Auftrag gemäß
    come da Vostro ordine
auf-wachen svegliarsi
aufwärts (in) su, in salita
    die Straße geht aufwärts
    la strada sale
    es geht aufwärts mit dem Kranken
    il malato si riprende/fa progressi

das Auge, -n — l'occhio
   unter vier Augen — a quattr'occhi
   ein Auge zudrücken — chiudere un occhio
der Augenblick, -e — l'attimo, il momento, l'istante
   einen Augenblick, bitte! — un attimo, per favore!
aus (+ Dat.) — da, fuori da, di
   er geht aus dem Haus — esce di casa
   die Schule ist aus — la scuola è terminata
   der Tisch ist aus Eisen — il tavolo è di ferro
   er geht mir aus dem Weg — mi evita
   aus Erfahrung — per esperienza
   aus der Mode sein — essere fuori moda
die Ausbildung — l'istruzione, la formazione
   er hat eine gute Ausbildung erhalten — ha avuto una buona istruzione/formazione (professionale)
der Ausdruck, -̈e — l'espressione, il modo di dire
   zum Ausdruck bringen — esprimere
   Fachausdruck — termine tecnico
ausdrücklich — espressamente
die Ausfahrt, -en — l'uscita, il passo carrabile
   Ausfahrt frei halten — tenere libera l'uscita
der Ausflug, -̈e — la gita, l'escursione
die Ausfuhr — l'esportazione
aus-führen — eseguire
aus-füllen — compilare
   ein Formular ausfüllen — compilare un modulo
die Ausgabe, -n — la distribuzione, la spesa, l'edizione
   wir hatten viele Ausgaben — avevamo molte spese
der Ausgang, -̈e — l'uscita
   Notausgang — uscita di sicurezza
aus-geben — spendere
   er gibt zu viel aus — spende troppo
   er gibt sich als Arzt aus — si spaccia per medico
aus-gehen — uscire, mancare, spegnersi
   das Licht ist ausgegangen — è mancata la luce
   heute abend gehen wir aus — questa sera usciamo
   der Vorschlag ging von ihm aus — la proposta partì da lui
   es wird schiefgehen — finirà male
ausgezeichnet — eccellente

aus-halten — sopportare, resistere
   ich kann es nicht mehr aushalten — non ne posso più
   ich kann Kälte gut aushalten — sopporto bene il freddo
die Auskunft, "-e — l'informazione
   der Fremde bittet um Auskunft — il forestiero chiede informazioni

das Ausland — l'estero
   ins Ausland fahren — andare all'estero

der Ausländer, - — lo straniero

die Ausländerin, -nen — la straniera

aus-machen — spegnere, stabilire
   mach das Licht aus! — spegni la luce!
   das macht mir nichts aus — non mi importa niente
   wir müssen einen Termin ausmachen — dobbiamo fissare un termine
die Ausnahme, -n — l'eccezione
   ausnahmsweise — in via eccezionale
aus-nutzen — sfruttare, approfittare
   laß dich nicht ausnutzen — non farti sfruttare
   er nützte die günstige Gelegenheit aus — approfittò dell'occasione favorevole
(sich) aus-ruhen — riposar(si)
aus-rufen — esclamare
   das Ausrufezeichen — il punto esclamativo
aus-schalten — spegnere (luce/radio)
aus-schließen — escludere
   ausgeschlossen! — impossibile!
aus-sehen — aver l'aspetto/l'aria di, sembrare, parere

außer (+ Dat.) — all'infuori di
   außer ihm ist niemand gekommen — all'infuori di lui non è venuto nessuno
   er ist außer Haus — è fuori casa
   er war außer sich vor Freude — era fuori di sè per la gioia
außergewöhnlich — straordinario/straordinariamente
die Aussprache, -n — la pronuncia, la discussione
   eine gute Aussprache — una buona pronuncia
   eine lange Aussprache — un lungo colloquio
die Aussicht, -en — la vista, la prospettiva, la probabilità

von hier aus hat man eine schöne Aussicht	da qui si ha una bella vista
aus-steigen	scendere (dal treno/bus)
steigen Sie aus?	scende?
die Ausstellung, -en	l'esposizione, la mostra
aus-suchen	scegliere
aus-tragen	recapitare, consegnare
er trägt die Pakete aus	consegna i pacchi
aus-üben	esercitare
die Aus-wahl, -en	la scelta, la selezione
der Ausweg, -e	la via d'uscita, la scappatoia
der Ausweis, -e	il documento
der Personalausweis	la carta d'identità
auswendig	a memoria
(sich) aus-ziehen	spogliar(si), svestir(si)
das Auto, -s	l'auto(mobile), la vettura
die Autobahn	l'autostrada
die Autonomie, -n	l'autonomia
das Autonomiestatut	lo statuto d'autonomia

B

der Bach, "-e	il ruscello, il torrente
das Bad, "-er	il bagno
ein Bad nehmen, baden	fare il bagno
das Badezimmer	la stanza da bagno
die Bahn, -en	la ferrovia, la carreggiata,
die Seilbahn	la funivia
wir fahren mit der (Eisen-)Bahn/mit der Straßenbahn	andiamo in treno/in tram
der Bahnhof, "-e	la stazione
bald	presto, fra poco
so bald wie möglich	al più presto possibile
das ist bald gesagt	si fa presto a dirlo
der Ball, "-e	la palla, il ballo
Ball spielen	giocare alla palla
der Band, "-e	il volume
das Band, "-er	il nastro
Tonbänder	nastri (del magnetofono)
die Bank, "-e	il banco, la panca
die Bank, -en	la banca
bar	in contanti
ich zahle bar	pago in contanti

der Bau, die Bauten	la costruzione, il fabbricato
der Bauch, ¨-e	la pancia, il ventre
bauen	costruire
der Bauer, -n	il contadino, l'agricoltore
die Bäuerin, -nen	la contadina
der Baum, ¨-e	l'albero
beachten	fare attenzione, badare a
Vorfahrt beachten!	osservare la precedenza!
der Beamte, -n	l'impiegato, il funzionario
die Beamtin, -nen	l'impiegata
beanspruchen	pretendere, esigere, occupare
das beansprucht viel Zeit	questo richiede molto tempo
die Arbeit beansprucht ihn voll und ganz	il lavoro lo assorbe completamente
beauftragen	incaricare, dare l'incarico, delegare
sich bedanken	ringraziare
ich bedanke mich für das Geschenk	ringrazio del regalo
der Bedarf	il fabbisogno, la necessità
der Bedarf an Trinkwasser	il fabbisogno di acqua potabile
bei Bedarf	in caso di bisogno
Haltestelle nach Bedarf	fermata a richiesta
bedauern	rincrescere, dispiacere, essere spiacente
das bedauere ich	mi rincresce
zu meinem großen Bedauern	con mio gran dispiacere
bedecken	coprire
bedeuten	significare, voler dire
bedeutend	importante
die Bedeutung, -en	il significato, l'importanza
erkläre mir die Bedeutung dieses Wortes!	spiegami il significato di questa parola!
die Landwirtschaft wird immer Bedeutung haben	l'agricoltura avrà sempre importanza
bedienen	servire
bedienen Sie sich!	si serva!
die Bedingung, -en	la condizione
unter der Bedingung, daß...	a condizione che...
zu günstigen Bedingungen	a condizioni favorevoli
sich beeilen	affrettarsi
der Befehl, -e	l'ordine, il comando

befehlen	ordinare, comandare
sich befinden	trovarsi
befördern	spedire, promuovere
befreien	liberare, esonerare
begegnen	incontrare
ich begegne ihm jeden Tag	lo incontro tutti i giorni
ich bin ihm begegnet	l'ho incontrato
beginnen	cominciare, iniziare
begleiten	accompagnare
begreifen	capire, comprendere
der Begriff, -e	il concetto, l'idea
für meine Begriffe	a mio giudizio
behalten	(ri)tenere, conservare, mantenere
er will immer das letzte Wort behalten	vuole sempre avere l'ultima parola
behandeln	trattare, curare
der Arzt behandelt den Kranken	il medico cura il malato
behandle ihn besser!	trattalo meglio!
behaupten	affermare, sostenere
beherrschen	dominare
eine Sprache beherrschen	conoscere bene una lingua
die Behörde, -n	l'autorità, le autorità
(sich) begeistern	entusiasmar(si)
von etwas begeistert sein	essere entusiasta di qualcosa
für die Kunst begeistert	appassionato d'arte
die Begeisterung	l'entusiasmo
es herrschte große Begeisterung	c'era grande entusiasmo
beglaubigen	autenticare
eine Unterschrift beglaubigen lassen	fare autenticare la firma
das Begräbnis, -se	il funerale
bei (+Dat.)	presso, da, in, nel, col
ich habe kein Geld bei mir	non ho denari con me
bei Gelegenheit	all'occasione
bei der Hand haben	avere a portata di mano
bei weitem	di gran lunga
beide	tutti e due, entrambi
beiläufig	press'a poco, incidentalmente

bei-legen — allegare, comporre (lite)
   der Streit wurde beigelegt — la controversia è stata composta
   die Dokumente müssen beigelegt werden — i documenti devono essere acclusi
das Bein, -e — la gamba
beinahe — quasi
bei-stehen — assistere

beißen — mordere
das Beispiel, -e — l'esempio
   zum Beispiel (z. B.) — per esempio (p. es.)
der/die Bekannte, -n — il/la conoscente
   er hat viele Bekannte — ha molti conoscenti
bekannt — noto, conosciuto
die Bekanntschaft, -en — la conoscenza
die Bekanntmachung — l'avviso, la comunicazione
(sich) beklagen (über) — lamentar(si), deplorare
   er beklagt sich über die schlechten Zeiten — si lamenta dei tempi brutti

bekommen — ricevere, ottenere
die Beleidigung, -en — l'offesa
beleidigen — offendere
beliebt — ben voluto, ben visto

die Belohnung, -en — la ricompensa
bemerken — osservare, notare, accorgersi
   er hat alles bemerkt — si è accorto di tutto
sich bemühen — sforzarsi, darsi da fare
   er hat sich sehr bemüht — si è dato molto da fare
die Bemühung, -en — lo sforzo, la fatica, la premura
benachrichtigen — comunicare
die Benachrichtigung — la comunicazione
beneiden — invidiare
   ich beneide ihn um sein Glück — lo invidio per la sua fortuna

benützen — usare, adoperare
beobachten — osservare
bequem — comodo/comodamente
   machen Sie es sich bequem! — si metta a Suo agio! / si accomodi!

berechtigt — autorizzato, giustificato, fondato
   berechtigte Hoffnung — speranza fondata

bereit
    sich bereit erklären zu etwas
bereits
der Berg, -e
der Bericht, -e

    ein Zeitungsbericht
    der Wetterbericht
    haben Sie den Bericht über
    den Unfall gelesen?
berichten (über)

    das Radio berichtete, daß...
der Beruf, -e
    er ist von Beruf Arzt
    Freiberufler
berufstätig sein
(sich) beruhigen
berühmt

berühren
    nicht berühren!
    das berührt mich nicht
(sich) beschäftigen
    der Betrieb beschäftigt
    100 Arbeiter
    die Frage beschäftigt mich
    sehr

der Bescheid
    sag ihm Bescheid!
    er weiß Bescheid darüber
beschließen
beschränken
    sich aufs Nötigste
    beschränken
beschreiben
die Beschreibung, -en
sich beschweren
besetzen
    besetzt!
besichtigen
die Besichtigung, -en

pronto
    dichiararsi disposto a
già
il monte, la montagna
il rapporto, la relazione,
il bollettino
    una notizia del giornale
    il bollettino meteorologico
    ha letto la notizia del-
    l'incidente?
riferire, raccontare, fare il
resoconto su
    la radio trasmise che...
la professione, il mestiere
    è medico di professione
    libero professionista
esercitare una professione
calmar(si), tranquillizzar(si)
famoso, celebre

toccare
    non toccare!
    questo non mi tocca
occupar(si)
    la ditta dà lavoro a 100 operai

    la questione mi preoccupa
    molto

l'informazione, la risposta
    informalo!
    è informato di questo
decidere, deliberare, concludere
limitare, ridurre
    limitarsi allo stretto neces-
    sario
descrivere
la descrizione
lamentarsi, lagnarsi, reclamare
occupare
    occupato!
visitare (chiese, musei)
la visita, l'ispezione

der Besitz — la proprietà, il possesso
  Grundbesitz — proprietà terriera
besitzen — possedere, avere
besonders — specialmente, particolarmente,
  nicht besonders — non tanto
besorgen — procurare, provvedere
  können Sie mir die Fahrkarte besorgen? — mi può procurare il biglietto?
  besorgt sein — essere preoccupato
die Besserung — il miglioramento
  gute Besserung! — guarisci presto!
bestätigen — confermare
  ich bestätige den Empfang Ihres Schreibens — accuso ricevuta della Sua lettera
die Bestätigung, -en — la conferma, l'autenticazione
bestehen — consistere (in), essere composto (di), esistere
  eine Prüfung bestehen — superare un esame
  die Firma besteht seit 50 Jahren — la ditta esiste da 50 anni
  eine Fußballmannschaft besteht aus 11 Spielern — una squadra di calcio è composta di 11 giocatori
  es bestehen noch Zweifel — sussistono ancora dei dubbi
  er besteht darauf — egli insiste
bestellen — ordinare
bestimmen — determinare, precisare
  bestimmen Sie die Zeit! — fissi la data (o l'ora)!
bestimmt — certamente, determinato
bestrafen — punire, castigare
der Besuch, -e — la visita
  wir erwarten einen lieben Besuch — aspettiamo una bella visita
  der Besuch der Schule ist kostenlos — la frequenza della scuola è gratuita
besuchen — visitare, andare a trovare, frequentare
  die Schule besuchen — frequentare la scuola
  besuche mich! — vieni a trovarmi!
der Betrag, ¨-e — la somma, l'importo
betreffen — riguardare
  betrifft: — oggetto:
der Betrieb, -e — l'azienda, l'esercizio

der Betrug	l'imbroglio, l'inganno
betrügen	ingannare, imbrogliare
das Bett, -en	il letto
beurteilen	giudicare
die Bevölkerung	la popolazione
bevor	prima di, prima che
denke, bevor du sprichst!	pensa prima di parlare!
(sich) bewegen	muover(si), commuovere
die Bewegung, -en	il movimento
der Beweis, -e	la prova
aus Mangel an Beweisen	per mancanza di prove
beweisen	provare, dimostrare
sich bewerben (um)	concorrere (a)
ich bewerbe mich um eine Staatsstelle	concorro a un posto statale
die Bewerbung, -en	la domanda (d'impiego)
bewilligen	concedere, accordare, autorizzare
bewundern	ammirare
bewußt	consapevole, cosciente
das ist uns allen bewußt	ne siamo tutti consapevoli
ich bin mir keiner Schuld bewußt	non so di aver commesso una colpa
bewußtlos	privo di sensi
das Bewußtsein	la coscienza, la consapevolezza
er verlor das Bewußtsein	perse la coscienza
bei vollem Bewußtsein	in piena coscienza
sich beziehen (auf)	riferirsi (a)
ich beziehe mich auf Ihren Brief	mi riferisco alla Sua lettera
in bezug auf	in riferimento a
die Beziehung, -en	la relazione, il rapporto
gute Beziehungen haben zu…	avere buoni rapporti con…
das Bier	la birra
das Bild, -er	il quadro, l'immagine
billig	a buon mercato
binden	legare
die Birne, -n	la pera, la lampada
bis	fino a
bis Bozen	fino a Bolzano
bis sieben (Uhr)	fino alle (ore) sette
ich warte, bis er kommt	aspetto fino quando arriva

es kamen alle bis auf einen	vennero tutti tranne uno
bisher	finora, fin qui
ein bißchen	un po'
ein bißchen Brot	un po' di pane
die Bitte, -n	la domanda, il piacere, la richiesta
ich hätte eine Bitte (an Sie)	vorrei chiedere un piacere (a Lei)
bitten (um)	domandare, chiedere
bitte!	per favore, prego!
er bittet um Hilfe	chiede aiuto
um das Wort bitten	chiedere la parola
bitter	amaro/amaramente
blaß	pallido
das Blatt, "-er	la foglia, il foglio
die Blätter fallen vom Baum	le foglie cadono dall'albero
gib mir ein Blatt Papier!	dammi un foglio di carta!
blau	blu
bleiben	rimanere, restare
es bleibt dabei	resta inteso
der Bleistift, -e	la matita
der Blick, -e	lo sguardo
auf den ersten Blick	a prima vista
einen Blick auf etwas werfen	dare un'occhiata a qualcosa, osservare qualche cosa
blind	cieco/ciecamente
der Blitz, -e	il fulmine
bloß	solo, soltanto
bloß zwei	solo due
die bloße Erinnerung...	il solo ricordo . . .
blühen	fiorire
die Blume, -n	il fiore
das Blut	il sangue
bluten	perdere sangue
der Boden, "-	il suolo, il terreno, la terra, il fondo
auf dem/den Boden	per terra
böse	cattivo, male
eine böse Sache	una cosa brutta
ich bin böse auf dich	sono in collera con te
der Brauch, "-e	l'usanza, l'uso
das ist bei uns Brauch	da noi è costume

brauchen — avere bisogno, adoperare
  ich brauche Geld — ho bisogno di denaro
  es braucht Geduld — ci vuole pazienza
  er braucht nicht zu kommen — non occorre che venga
braun — marrone, bruno
brechen — rompere, spezzare
  er hat sich das Bein gebrochen — si è rotto la gamba
breit — largo
die Breite — la larghezza
brennen — bruciare, ardere
  das Haus brennt — la casa è in fiamme
der Brief, -e — la lettera
  der Einschreibebrief — la (lettera) raccomandata
  der Expreß-, Eilbrief — la (lettera) espresso
  Briefpapier — carta da lettera
der Briefkasten, "- — la cassetta delle lettere
die Briefmarke, -n — il francobollo
die Brieftasche, -n — il portafoglio
der Briefträger, - — il portalettere
der Briefumschlag, "-e — la busta
die Brille, -n — gli occhiali
  die Sonnenbrille — gli occhiali da sole
bringen — portare
  es so weit bringen, daß… — arrivare al punto di …
das Brot, -e — il pane
die Brücke, -n — il ponte
der Bruder, "- — il fratello
die Brust, "-e — il petto, il seno
das Buch, "-er — il libro
der Buchstabe, -n — la lettera (dell'alfabeto)
bunt — variopinto, multicolore
der Bürger, - — il cittadino
die Bürgerin, -nen — la cittadina
der Bürgermeister — il sindaco
das Büro, -s — l'ufficio
  Reisebüro — agenzia viaggi
der Bus, -se — l'autobus
  die Bushaltestelle — la fermata dell'autobus
die Butter — il burro

C

der Charakter, -e — il carattere
  charakteristisch — caratteristico, tipico
der Chef, -s — il capo, il direttore, il principale
die Chemie — la chimica

D

da — qui, poiché
  ein Herr ist da — c'è un signore
  da ich krank war, konnte ich nicht kommen — siccome ero ammalato, non potei venire
dabei — ci, vi accanto, in più
  ich war dabei — ero presente
  es bleibt dabei, daß... — resta inteso che...
  dabei sein, etwas zu tun — stare facendo qualcosa
dafür — per questo, in favore
  ich bin dafür — sono a favore
  ich kann nichts dafür, daß... — non è colpa mia, se...
dagegen — contro (ciò), contrario, invece
  ich bin dagegen — sono contrario
  dagegen kann man nichts tun — contro ciò non si può fare nulla
das Dach, ¨-er — il tetto
daheim — a casa, nel paese natio
  ich war den ganzen Tag daheim — sono stato a casa tutto il giorno
dahinter — là dietro, dietro (a ciò)
  es steckt etwas dahinter — c'è sotto qualcosa
damals — allora, a quel tempo, quella volta
die Dame, -n — la signora
damit — con questo, con ciò, affinché
  damit ist mir nicht geholfen — ciò non mi serve
  er spricht laut, damit ihn alle hören — parla ad alta voce, affinché tutti lo sentano
danach — poi, dopo, quindi
  kurze Zeit danach — poco tempo dopo
daneben — accanto, lì vicino, inoltre,

der Dank — il ringraziamento, la gratitudine
    vielen Dank! — tante grazie!
    mit Dank annehmen — accettare con gratitudine
dankbar — grato, riconoscente
danken — ringraziare
    ich danke Ihnen für das Buch — La ringrazio del libro
    nichts zu danken — non c'è di che
    danke vielmals! — tante grazie!
dann — poi, dopo, allora
daran — a questo, a ciò, ci, vi, ne
    ich komme daran — tocca a me
    es liegt mir viel daran — ci tengo molto
darauf — sopra, dopo, in seguito, ci, su questo
    am Tag darauf — il giorno dopo
    darauf sagte er nichts — in seguito (su questo) non disse niente
daraus — di ciò, ne
    daraus mache ich mir nichts — di ciò non me ne importa niente
    daraus folgt — ne segue, ne consegue
    was soll daraus werden? — che ne sarà?
darüber — (al) di sopra, di questo argomento
    darüber wohnen wir — di sopra abitiamo noi
    darüber freue ich mich — mi rallegro di ciò, ciò mi fa piacere
darum — per questo, perciò,
    darum geht es doch nicht — ma non si tratta di questo
darunter — sotto questo, di sotto, fra (tanti)
    kannst du dir darunter etwas vorstellen? — puoi immaginarti qualcosa di questo?
    darunter waren viele Jugendliche — fra questi c'erano molti giovani
das — ciò, questo
    das, was — ciò che
    das weiß ich nicht — questo non lo so
daß — che
    nicht daß ich wüßte — non che io sappia

das Datum — la data
die Dauer — la durata

dauern — durare
davon — di ciò, ne, da questo
   davon verstehe ich nichts — non ne capisco niente
   gib mir zwei Kilo davon! — dammene due chili!
   davonlaufen — scappare
dazu — ci, vi, a ciò, a questo, a questo scopo
   was sagst du dazu? — che cosa ne dici?
   dazu braucht es Geld — per questo ci vuole denaro
die Decke, -n — la coperta, il soffitto
   die Tischdecke — la tovaglia
denken (an) — pensare (a)
denn — perché
   was will er denn? — ma che cosa vuole?
dennoch — ciò nonostante
derselbe, dieselbe, dasselbe — lo stesso, la stessa, il medesimo
deshalb — perciò, per questo, a causa di ciò
deutlich — chiaro/chiaramente, distinto/distintamente
   sprechen Sie bitte deutlicher — parli più chiaro, per favore
   eine deutliche Sprache sprechen — parlare chiaro
deutsch — tedesco
   auf deutsch — in tedesco
   er versteht Deutsch — capisce il tedesco
   vom Italienischen ins Deutsche übersetzen — tradurre dall'italiano in tedesco
der/die Deutsche, -n — il tedesco/la tedesca
dicht — denso, fitto
der Dichter,- — il poeta
dick — grosso, grasso
   ein dickes Buch — un libro grosso
der Dieb, -e — il ladro
der Dienst, -e — il servizio
   jemandem einen Dienst erweisen — rendere un servizio a qualcuno
   der öffentliche Dienst — il servizio pubblico
dieser, diese, dieses — questo
   diesmal — questa volta
das Ding, -e — la cosa, l'oggetto
direkt — diretto/direttamente

der Direktor, -en	il direttore
die Diskussion, -en	la discussione
diskutieren	discutere
doch	(ep)pure, tuttavia
komm doch!	ma su, vieni!
warst du nicht dabei? Doch!	non c'eri? Ma certo!
der Doktor, -en	il dottore, il medico
der Donner	il tuono
doppelt	doppio, duplice
doppelt so viel	due volte tanto
das Dorf, ¨-er	il villaggio, il paese
dort, (hin)	là
er ist dort	è là
ich gehe dorthin	vado là
drängen	spingere, premere
nicht drängen!	non spingere!
die Zeit drängt	il tempo urge
draußen	fuori
er wartet draußen	aspetta fuori
(sich) drehen	girar(si), voltar(si)
dreh dich um!	voltati!
einen Film drehen	girare un film
dringend	urgente/urgentemente
drinnen	dentro, di dentro
drohen	minacciare
der Druck	la pressione, la stampa
drucken	stampare
drücken	premere, spingere
einen Knopf drücken	premere un bottone
die Hand drücken	stringere la mano
dumm	stupido, sciocco
das ist eine dumme Sache	è una cosa spiacevole
die Sache wird mir zu dumm!	comincio a perdere la pazienza, la cosa comincia a seccarmi
dunkel	buio, scuro
es wird dunkel	si fa buio
dünn	sottile, fine, magro
durch (+ Akk.)	per, attraverso, per mezzo
durch und durch	da parte a parte/da capo a piedi
durcheinander	sottosopra, confuso, alla rinfusa
in diesem Durcheinander	in questa confusione

redet nicht durcheinander!	non parlate tutti insieme!
die Durchfahrt	il passaggio (veicoli)
der Durchgang, "-e	il passaggio (pedoni)
Durchgang verboten!	passaggio proibito!
der Durchschnitt, -e	la media
im Durchschnitt, -e	in media
dürfen	potere, avere il permesso
der Durst	la sete
durstig sein	aver sete
das Dutzend, -e	la dozzina

E

eben	appena, giusto adesso, proprio, appunto
er ist eben gekommen	è venuto in questo momento
darum geht es eben	si tratta appunto di ciò
die Ebene	la pianura, il livello
ebenfalls	altrettanto, allo stesso modo
danke, ebenfalls!	grazie, altrettanto!
er kam ebenfalls zu spät	anche lui venne troppo tardi
ebenso	altrettanto, egualmente
ich denke ebenso	la penso allo stesso modo
echt	genuino, vero, naturale, puro
echte Seide	seta pura
echt deutsch	tipicamente tedesco
die Ecke, -n	l'angolo
egal	uguale, identico
das ist mir egal	ciò non mi importa, per me è lo stesso
die Ehe, -n	il matrimonio
die Ehefrau, -en	la moglie
der Ehemann, -"er	il marito
ehrlich	onesto/onestamente
ehrlich gesagt	a dire il vero
das Ei, -er	l'uovo, le uova
eigen	proprio, personale
das eigene Haus	la casa propria
seine eigene Meinung	la sua opinione personale

eigens — apposta, espressamente
  er hat es eigens für mich getan — l'ha fatto apposta per me
eigentlich — veramente, in realtà
die Eigenschaft, -en — la qualità
das Eigentum — la proprietà
  fremdes Eigentum — proprietà altrui
die Eile — la fretta, la premura
  es hat keine Eile damit — non c'è fretta
eilig — in fretta
  ich habe es eilig — ho fretta
einander — l'un l'altro, a vicenda
  wir helfen einander — ci aiutiamo a vicenda
einfach — semplice/semplicemente
  ich kann einfach nicht kommen — non posso proprio venire
der Einfall — l'idea
der Einfluß, die Einflüsse — l'influsso, l'influenza
die Einfuhr — l'importazione
ein-führen — introdurre, presentare, importare
  ein neues Lehrbuch einführen — introdurre un nuovo libro di testo
der Eingang, "-e — l'ingresso
ein-greifen — intervenire
einige — alcuni, qualche
  von einiger Bedeutung — di una certa importanza
ein-kaufen — fare la spesa, comprare
das Einkommen — il reddito
  steuerpflichtiges Einkommen — reddito imponibile
ein-laden — invitare
die Einladung, -en — l'invito
ein-liefern — ricoverare
  ins Gefängnis einliefern — tradurre in prigione
ein-richten — allestire, sistemare, disporre, fare in modo che
  sich auf etwas einrichten — prepararsi a qualcosa
  ich richte es so ein, daß ich Zeit habe — farò in modo di aver tempo
  die Wohnung einrichten — arredare la casa
ein-schalten — accendere, inserire
  schalte das Licht ein! — accendi la luce!
  schalten wir eine Pause ein — facciamo una pausa
ein-schlafen — addormentarsi

(sich) ein-schränken — limitar(si), ridurre
wir müssen die Ausgaben einschränken — dobbiamo ridurre le spese

ein-schreiben — iscrivere
er läßt sich in den Englischkurs einschreiben — si fa iscrivere al corso d'inglese
ein eingeschriebener Brief — una lettera raccomandata

ein-setzen — mettere, inserire, introdurre, impegnare
er setzt sich immer ein — s'impegna sempre
eine Kommission einsetzen — insediare una commissione

einst — una volta, tempo fa

ein-steigen — salire (sul treno/sul bus)
er stieg in ein Taxi ein — salì su un taxi

ein-stellen — assumere, riporre, depositare, sopprimere
die Lautstärke einstellen — regolare il volume
Arbeiter werden eingestellt — si assumono operai

der Eintritt — l'entrata, l'ingresso
freier Eintritt — ingresso libero

einverstanden — d'accordo

ein-wenden — obiettare
dagegen läßt sich nichts einwenden — a questo non c'è nulla da ridire

die Einzahlung, -en — il versamento, il pagamento

die Einzelheit, -en — il dettaglio, la particolarità
die Einzelheiten sind mir nicht bekannt — non conosco i particolari

einzeln — singolo, separato
Einzelzimmer — camera singola

einzig — solo, unico
ein einziger Fall — un solo caso

das Eis — il ghiaccio, il gelato

das Eisen — il ferro
aus Eisen — di ferro

elegant — elegante/elegantemente, con eleganza

elektrisch — elettrico

die Eltern, (kein Sing.) — i genitori
die Großeltern — i nonni

der Empfang, "-e — l'accoglienza, il ricevimento

wir wünschen guten Empfang (am Radio)	auguriamo buon ascolto (alla radio)
der Empfangsschein, -e	la ricevuta, la quietanza
empfehlen	raccomandare, riverire
das Ende	la fine
ich bin am Ende meiner Kräfte	non ho più forza
Ende Mai	alla fine di maggio
die Geschichte ist zu Ende	la storia è finita
enden	finire
endgültig	definitivo/definitivamente
endlich	finalmente, infine
die Energie	l'energia, la forza, il vigore
eng	stretto/strettamente
der Enkel, - die Enkelin, -nen	il nipote, la nipote (di nonni)
entdecken	scoprire
entfernt	lontano, distante
die Entfernung	la distanza, la lontananza
entgegen (+ Dat.)	verso, incontro a, contro
ich gehe ihm entgegen	gli vado incontro
entgegengesetzt	opposto, contrario
genau entgegengesetzt	proprio all'opposto
enthalten	contenere, racchiudere
ich enthalte mich der Stimme	mi astengo dal voto
entlassen	licenziare
(sich) entscheiden	decider(si)
die Entscheidung, -en	la decisione, la deliberazione
der Entschluß, "-sse	la decisione
(sich) entschuldigen	scusar(si)
entschuldige dich bei ihm!	scusati con lui!
entschuldige dich für die Verspätung	scusati per il ritardo!
die Entschuldigung, -en	la scusa
Entschuldigung!	scusi/scusa!
enttäuschen	deludere
entweder ... oder	o ... o
(sich) entwickeln	sviluppar(si)
einen Film entwickeln	sviluppare un film
die Entwicklung	lo sviluppo
die Entwicklungsländer	i paesi in via di sviluppo
das Erbe	l'eredità
erblicken	scorgere, vedere
die Erde	la terra

das Erdgeschoß, -sse	il pianterreno
das Erdöl	il petrolio
der Erdteil, -e	il continente
sich ereignen	avvenire, accadere
das Ereignis, -se	l'avvenimento
erfahren	venire a sapere, apprendere
ich habe es aus der Zeitung erfahren	l'ho saputo dal giornale
die Erfahrung, -en	l'esperienza
aus eigener Erfahrung	per propria esperienza
erfinden	inventare
die Erfindung, -en	l'invenzione
der Erfolg, -e	il successo
viel Erfolg!	buon successo!
das Ergebnis, -sse	il risultato, l'esito
sich erholen	rimettersi
(sich) erinnern (an)	ricordar(si) (di)
ich erinnere mich oft an ihn	mi ricordo spesso di lui
die Erinnerung, -en	il ricordo, la memoria
die Erinnerung an die Mutter	il ricordo della madre
sich erkälten	raffreddarsi, prendere un raffreddore
die Erkältung	il raffreddore
erkennen	riconoscere
erklären	spiegare, dichiarare
einen Text erklären	interpretare un testo
er erklärte sich bereit...	si dichiarò pronto...
die Erklärung, -en	la spiegazione, la dichiarazione,
eine Erklärung abgeben	fare una dichiarazione
die Steuererklärung	la dichiarazione dei redditi
sich erkundigen (nach)	informarsi, chiedere notizie (di)
erlauben	permettere, consentire
erlauben Sie mir eine Frage!	mi permetta una domanda!
ich kann mir die Reise erlauben	posso permettermi il viaggio
die Erlaubnis	il permesso
um Erlaubnis bitten	chiedere il permesso
eine Erlaubnis erteilen	dare un permesso
erledigen	sbrigare, eseguire
ich bin erledigt	sono sfinito

erledigte Post	corrispondenza evasa
erleiden	subire, soffrire
einen Verlust erleiden	subire una perdita
ernähren	nutrire, alimentare
die Ernährung	il nutrimento, l'alimentazione
ernst	serio/seriamente, grave
erreichen	raggiungere
erschrecken	spaventarsi, spaventare
sie erschrak, als es donnerte	si spaventò, quando tuonò
ich bin erschrocken	mi sono spaventato
die Nachricht hat mich erschreckt	la notizia mi ha spaventato
ersetzen	rimborsare, risarcire, sostituire, supplire
die Kosten werden ersetzt	le spese vengono rimborsate
erst	solo, solamente, appena
er kommt erst um drei	viene solo alle tre
erstaunen	stupire, stupirsi
der Erwachsene, -n	l'adulto
erwachsen sein	essere adulto/grande
erwarten	aspettare, attendere
das war zu erwarten	c'era da aspettarselo
erweisen	dimostrare, provare
einen Dienst erweisen	rendere un servizio
die Nachricht erwies sich als falsch	la notizia risultò falsa
erwünscht	desiderato
erzählen	raccontare
die Erzählung, -en	il racconto
erzeugen	produrre, generare
erziehen	educare, allevare
die Erziehung	l'educazione
essen	mangiare
zu Abend essen	cenare
das Essen	il pasto, il mangiare
telefonieren Sie zu den Essenszeiten!	telefoni all'ora dei pasti!
etwa	forse, su per giù, (all'in)circa
sie müssen etwa 10 Minuten warten	deve aspettare circa 10 minuti
paßt es dir etwa nicht?	non ti va, per caso?
etwas	qualcosa

es geht mir etwas besser	sto un po' meglio
etwas anderes	qualcos'altro
Europa	l'Europa
das geeinte Europa	l'Europa unita
der europäische Gedanke	l'idea dell'Europa unita
ewig	eterno, perenne
auf ewig(e Zeiten)	in eterno, per sempre
die Existenz	l'esistenza
existieren	esistere, vivere
das Experiment, -e	l'esperimento

F

die Fabrik, -en	la fabbrica
das Fach, "-er	lo scomparto, la materia, il campo
vom Fach sein	essere del mestiere
der Fachmann, die Fachleute	l'esperto
fähig	capace, abile
er ist zu allem fähig	è capace di tutto
die Fähigkeit, -en	la capacità, il talento, la facoltà
geistige Fähigkeiten	capacità intellettuali
praktische Fähigkeiten	doti pratiche
die Fahne, -n	la bandiera
fahren	andare (con un mezzo)
ich fahre mit der Bahn	vado in treno
der Fahrer, -	l'autista
die Fahrkarte, -n	il biglietto (treno/autobus)
die Fahrkarte lösen	prendere il biglietto
die Fahrt, -en	il viaggio, la corsa
der Fall, "-e	il caso
auf jeden Fall	in ogni caso
fallen	cadere, cascare
das fällt mir schwer	mi è difficile
die Entscheidung fällt heute	la decisione viene presa oggi
sein Geburtstag fällt auf einen Sonntag	il suo compleanno cade di domenica
fällig	in scadenza, che scade
Fälligkeitstermin	termine di scadenza
falsch	sbagliato, falso
eine falsche Methode	un metodo errato/sbagliato

die Familie, -n — la famiglia
   der Familienname — il cognome, il nome di famiglia
die Farbe, -n — il colore, la tinta
   welche Farbe hat es? — di che colore è?
fast — quasi
faul — pigro/pigramente
die Feder, -n — la penna, la piuma
fehlen — mancare, essere assente
   mir fehlt nichts — non mi manca nulla
   das fehlte noch! — non ci mancava altro!
der Fehler, - — l'errore, lo sbaglio, il difetto
feiern — fare festa, celebrare, festeggiare
fein — fine, delicato, prezioso, squisito
   das ist nicht fein — questo non è bello
der Feind, -e — il nemico
das Feld, -er — il campo
der Fels, -en — la roccia, la rupe, il masso
das Fenster, - — la finestra, il finestrino
die Ferien — la vacanza, le ferie
   die Ferien verbringen — passare le vacanze
der Fernsehapparat — il televisore
das Fernsehen — la televisione
   wir sehen fern — guardiamo la televisione
   im Fernsehen — alla televisione
fertig — pronto, finito
   ich bin fertig — sono pronto, ho finito
   fertig! los! — pronto! via!
fest — fisso, solido, fermo, saldo
   etwas fest glauben — credere fermamente
   das steht fest — questo è sicuro
   mit fester Stimme — con voce ferma
   er hat keinen festen Wohnsitz — non ha fissa dimora
fest-setzen — determinare, fissare, stabilire
fest-stellen — accertare, verificare
der Festtag, -e — la festa, il giorno festivo, la festività
fett — grasso
   fett drucken — stampare in grassetto
feucht — umido
das Feuer — il fuoco
die Feuerwehr — i vigili del fuoco, i pompieri

das Fieber	la febbre
der Film, -e	il film
ein Kriminalfilm	un (film) giallo
finden	trovare
das finde ich gut	lo trovo buono
der Finger, -	il dito (della mano)
finster	buio, scuro
die Firma, die Firmen	la ditta
der Fisch, -e	il pesce
flach	piano, piatto, basso
die Fläche, -n	la superficie, l'area, il piano
die Flasche, -n	la bottiglia
eine Flasche Wein	una bottiglia di vino
der Fleck, -en	la macchia, la chiazza
einen Fleck entfernen	smacchiare
das Fleisch	la carne
gekochtes Fleisch	carne bollita/lessa
fleißig	diligente/diligentemente
die Fliege, -n	la mosca
fliegen	volare
fliehen	fuggire, rifugiarsi
fließen	scorrere
fließendes Wasser	acqua corrente
fließend Italienisch sprechen	parlare l'italiano correntemente
der Flug, ¨-e	il volo
das Flugzeug, -e	l'aereo, l'aeroplano
der Fluß, die Flüsse	il fiume
die Folge, -n	la conseguenza, il seguito
das hat zur Folge, daß	ne consegue che
folgen (+ Dat.)	seguire, obbedire
das Kind folgt der Mutter	il bambino obbedisce alla mamma/segue la mamma
am folgenden Tag	il giorno successivo
fordern	esigere, chiedere
die Form, -en	la forma
das Formular	il modulo
das Formular ausfüllen	compilare il modulo
fort	via, lontano
er ist schon lange fort	manca già da molto tempo
ich muß fort	devo andare via
das Buch ist fort	il libro è sparito

der Fortschritt, -e — il progresso
   er hat gute Fortschritte gemacht — ha fatto dei buoni progressi
fort-setzen — continuare, proseguire
die Fortsetzung, -en — la continuazione
   Fortsetzung folgt — continua
das Foto — la foto
fotografieren — fotografare, scattare una foto
die Frage, -n — la domanda, la questione
   eine Frage stellen — fare una domanda
   das kommt nicht in Frage — questo non c'entra
fragen — domandare, chiedere
   frage ihn um Auskunft! — chiedigli l'informazione!
   er fragt nach dir — chiede di te
   ich frage mich, ob das richtig ist — mi chiedo se ciò sia giusto
die Frau, -en — la donna, la moglie
   Frau Müller — la signora Müller
das Fräulein — la signorina
frei — libero/liberamente
   im Freien sein — essere all'aperto
die Freiheit — la libertà
   dichterische Freiheit — licenza poetica
   sich die Freiheit nehmen, etwas zu tun — prendersi la libertà di fare qualcosa
freilich — certamente, naturalmente
   ja, freilich! — ma certo!
die Freizeit — il tempo libero
fremd — forestiero, estraneo
   ich bin hier fremd — non sono di qui
   eine Fremdsprache — una lingua straniera
fressen — mangiare (dell'animale), divorare
die Freude, -n — la gioia
   mit Freuden — con piacere
sich freuen — rallegrarsi, essere contento
   das freut mich — questo mi fa piacere
   (es) freut mich sehr! — piacere/molto lieto!
der Freund, -e — l'amico
die Freundin, -nen — l'amica
freundlich — gentile/gentilmente, cortese

    das ist sehr freundlich von Ihnen
      è molto gentile da parte Sua

die Freundschaft, -en — l'amicizia

der Frieden — la pace

der Friedhof, ¨-e — il cimitero, il camposanto

frieren — avere freddo, gelare

frisch — fresco, recente, nuovo
    sich frisch machen — rinfrescarsi

froh — lieto/lietamente
    frohe Ostern! — buona Pasqua!

fromm — devoto, religioso

die Frucht, ¨-e — il frutto
    Früchte tragen — dare frutti

früh — presto, di buon'ora
    er kommt zu früh — viene troppo presto
    am frühen Morgen — di buon mattino

früher — prima, in passato
    er kam früher, als ich dachte — venne prima che pensassi
    früher war das alles anders — era tutto diverso in passato

der Frühling — la primavera
    im Frühling — in primavera

das Frühstück — la colazione
    frühstücken — fare colazione

fühlen — sentire
    ich fühle mich wohl — mi sento bene
    ich fühle dir den Puls — ti sento il polso

führen — condurre, guidare, dirigere
    einen Prozeß führen — fare un processo
    bei sich führen — portare con sé
    wohin soll das führen? — dove si va a finire?

der Führerschein, -e — la patente

die Funktion, -en — la funzione
    außer Funktion setzen — mettere fuori uso

für (+ Akk.) — per, a favore

furchtbar — terribile/terribilmente

sich fürchten — aver paura, temere
    ich fürchte mich vor dem Gewitter — ho paura del temporale
    Sie haben nichts zu fürchten — non ha da temere nulla

der Fuß, ¨-e — il piede
    zu Fuß — a piedi

der Fußball — il pallone
   Fußball spielen — giocare al pallone/al calcio
der Fußgänger — il pedone
   Fußgängerzone — zona pedonale

G

die Gabel, -n — la forchetta, la forca
der Gang, "-e — il corridoio
   in Gang setzen — mettere in movimento
   lege den vierten Gang ein! — metti la quarta marcia!
ganz — tutto, completo/completamente, intero
   den ganzen Tag — tutto il giorno
   ganz gut — abbastanza/molto bene
der Garten, "- — il giardino
   der Obstgarten — il frutteto
gar nicht — non ... affatto
gar nichts — nient'affatto
der Gast, "-e — l'ospite
das Gasthaus, "-er, der Gasthof, "-e — l'albergo, l'hotel
das Gebäude, - — l'edificio, la costruzione
geben — dare
   es gibt — c'è, ci sono
   das hat es schon gegeben — ciò esisteva già
   morgen gibt es Regen — domani pioverà
   was gibt es zu essen? — cosa c'è da mangiare?
das Gebiet, -e — il territorio, la regione, il campo
   auf politischem Gebiet — in campo politico
gebildet — colto, istruito
das Gebirge, - — la montagna
geboren — nato/nata
   Frau Müller, geborene Pichler — signora Müller nata Pichler
gebrauchen — usare, adoperare
die Gebühr, -en — la tariffa, la tassa
die Geburt, -en — la nascita
   der Geburtstag — il compleanno
   der Geburtsschein — il certificato di nascita
das Gedächtnis — la memoria
   aus dem Gedächtnis hersagen — recitare a memoria

der Gedanke, -n — il pensiero, l'idea
  sich über etwas Gedanken machen — preoccuparsi di qualcosa
die Geduld — la pazienza
geehrt — stimato, rispettato
  sehr geehrter Herr! — egregio signore!
die Gefahr, -en — il pericolo
  außer Gefahr — fuori pericolo
gefährlich — pericoloso/pericolosamente
das Gefängnis, -se — la prigione
gefallen — piacere
  dieses Buch gefällt mir — questo libro mi piace
  das lasse ich mir nicht gefallen — questo non lo sopporto
das Gefühl, -e — il sentimento, la sensazione
  ich habe das Gefühl, daß... — ho l'impressione che...
gegen (+ Akk.) — contro, verso
  gegen sieben Uhr — verso le sette
die Gegend, -en — la zona, la regione
  ich habe nichts gegen ihn — non ho nulla contro di lui
gegeneinander — l'uno contro l'altro
der Gegenstand, ¨-e — l'oggetto, la materia, l'argomento
das Gegenteil — il contrario, l'opposto
  im Gegenteil — al contrario
die Gegenwart — la presenza, il (tempo) presente
  gegenwärtig — attuale/attualmente
gegenüber (+ Dat.) — di fronte, dirimpetto a
  das Haus gegenüber — la casa di fronte
  mir gegenüber war er immer freundlich — è stato sempre gentile nei miei confronti
das Gehalt, ¨-er — lo stipendio, il salario
das Geheimnis, -se — il segreto
gehen — andare (a piedi), camminare
  wie geht es Ihnen? — come sta?
  so gut es geht — il meglio possibile
  es geht um etwas Wichtiges — si tratta di qualcosa d'importante
  das Fenster geht auf... — la finestra si apre
das Gehör — l'udito
  er hat kein Gehör — non ha orecchio
  jemandem Gehör schenken — dare ascolto a qualcheduno
gehören — appartenere
  das Bild gehört an die Wand — il quadro va messo alla parete

das gehört nicht zur Sache	questo non c'entra
das gehört zu…	fa parte di…
der Geist, -er	lo spirito, l'ingegno
gelb	giallo
das Geld, -er	il denaro, i soldi
haben Sie Kleingeld?	ha spiccioli?
die Gelegenheit, -en	l'occasione, l'opportunità
bei der ersten Gelegenheit	alla prima occasione
es bietet sich eine Gelegenheit	si presenta un'occasione
gelegentlich	occasionalmente, in occasione
gelingen	riuscire
die Arbeit ist mir gut gelungen	il lavoro mi è riuscito bene
gelten	valere, essere valido
er gilt als Fachmann	è ritenuto un esperto
die Gemeinde, -n	il comune
der Gemeindediener	il messo comunale
gemeinsam	in comune, assieme
das Gemüse (kein Pl.)	la verdura
gemütlich	comodo, confortevole, accogliente, piacevole
er macht es sich gemütlich	si mette a proprio agio
genau	esatto/esattamente, preciso
die genaue Zeit	l'ora esatta
genießen	godere
der Genuß, "-sse	il piacere, il godimento
genug	abbastanza
ich habe genug gegessen	ho mangiato abbastanza
(es ist) genug!	basta!
das Gepäck	il bagaglio
der Gepäckträger	il portabagaglio, il facchino
gerade	diritto/dritto, appena
ich wollte gerade kommen	stavo per venire
ich bin gerade fertig	ho appena finito
gerade jetzt	proprio adesso
immer geradeaus	sempre diritto
das Gerät, -e	l'apparecchio, l'attrezzo, l'arnese
gerecht	giusto
das Gericht, -e	il tribunale, la corte
gering	piccolo, poco, di scarso valore
geringes Interesse	poco interesse
gern	volentieri, con piacere

ich lese gern	leggo volentieri
ich möchte gern tanzen	mi piacerebbe ballare
gern haben	voler bene, amare
der Geruch, "-e	l'odore
der Gesang, "-e	il canto
das Geschäft -e	il negozio, l'affare
er macht ein gutes Geschäft	fa un buon affare
der Geschäftsmann,	il commerciante
die Geschäftsleute	
geschehen	succedere, accadere
es ist ihm nichts geschehen	non gli è successo niente
es geschieht ihm recht	gli sta bene
gescheit	assennato, giudizioso, intelligente
das Geschenk, -e	il regalo, il dono
die Geschichte, -n	la storia, il racconto
erzähle mir eine Geschichte	raccontami una storia
die Geschichte Roms	la storia di Roma
geschieden	diviso, separato, divorziato
der Geschmack	il gusto, il sapore
nach meinem Geschmack	secondo il mio gusto
die Geschwindigkeit	la velocità
die Gesellschaft, -en	la società, la compagnia
die Aktiengesellschaft	la società per azioni
ich leiste ihm Gesellschaft	gli faccio compagnia
das Gesetz, -e	la legge
gesetzlich	legale/legalmente
das Gesicht, -er	la faccia, il viso
das Gespräch, -e	la conversazione, il colloquio, il discorso
das Telefongespräch	la telefonata
die Gestalt, -en	la forma, la figura, la statura, la persona, il personaggio
eine historische Gestalt	un personaggio storico
gestern	ieri
vorgestern	l'altro ieri
das Gesuch, -e	la domanda
gesund	sano
gesund werden	guarire, rimettersi
wieder gesund sein	essere guarito, ristabilito
die Gesundheit	la salute
Gesundheit!	salute!

das Getränk	la bibita, la bevanda
gewähren	accordare, concedere, esaudire
die Gewalt, -en	la violenza, la forza
Gewalt antun	usare violenza
das Gewehr, -e	il fucile
die Gewerkschaft, -en	il sindacato
Gewerkschaftsbewegung	movimento sindacale
das Gewicht, -e	il peso
der Gewinn, -e	il guadagno, il profitto
gewinnen	vincere, acquistare, ricavare
gewiß	certo/certamente
aber gewiß!	ma certo!
das Gewitter	il temporale
sich gewöhnen	abituarsi
man gewöhnt sich an alles	ci si abitua a tutto
die Gewohnheit, -en	l'abitudine, l'usanza
aus Gewohnheit	per abitudine
gewöhnlich	solito/solitamente
wie gewöhnlich	come al solito
das Glas, ¨-er	il vetro, il bicchiere
ein Glas Wasser	un bicchiere d'acqua
ein Weinglas	un bicchiere per il vino
der Glaube	la fede, la religione
glauben	credere
ich glaube es dir	te lo credo
ich glaube an Gott	credo in Dio
gleich	uguale/ugualmente, subito
das ist das gleiche	è la stessa cosa
das ist mir gleich	per me è/fa lo stesso
(ich komme) gleich!	(vengo) subito!
gleichzeitig	contemporaneamente
das Gleis, -e	il binario
das Glied, -er	il membro, le membra, l'elemento, la parte
die Glocke, -n	la campana
das Glück (kein Pl.)	la fortuna
zum Glück	per fortuna
viel Glück!	buona fortuna!
glücklich	felice/felicemente, fortunato
der Glückwunsch, ¨-e	l'augurio
die besten Glückwünsche	i migliori auguri
das Gold	l'oro

(der) Gott, "-er — (il) Dio
    Gott sei Dank! — grazie a Dio!
das Grab, "-er — la tomba, il sepolcro
das Gras, "-er — l'erba
gratulieren — fare gli auguri, congratularsi
    wir gratulieren Ihnen zu dem Erfolg — ci congratuliamo con Lei per il successo
grau — grigio
greifen — afferrare, acchiappare
die Grenze, -n — la frontiera, il confine
    über die Grenze fahren — passare il confine
    seine Grenzen erkennen — conoscere i propri limiti
die Grippe (kein Pl.) — l'influenza
groß — grande, alto
    im großen und ganzen — nell'insieme, in complesso, tutto sommato
die Größe, -n — la grandezza, l'altezza
    ich möchte Schuhe, Größe 41 — vorrei delle scarpe, misura 41
die Großmutter, "- — la nonna
der Großvater, "- — il nonno
die Großeltern — i nonni
grün — verde
der Grund, "-e — il fondo, la causa, la ragione, il motivo, il terreno
    im Grunde — in fondo
    aus welchem Grund? — per quale motivo?
    er hat seinen Grund verkauft — ha venduto il suo terreno
die Gruppe, -n — il gruppo, la categoria
    eine Gruppe Touristen — un gruppo di turisti
der Gruß, "-e — il saluto
    mit besten Grüßen — con i migliori saluti
grüßen — salutare
    grüßen Sie ihn von mir — lo saluti da parte mia
    Grüß Gott! — (saluto locale) salve! addio!
gültig — valido
günstig — favorevole, favorevolmente
    günstige Preise — prezzi convenienti
gut — buono/bene
    es geht mir gut (besser) — sto bene (meglio)
    gut! — bene!
    würden Sie so gut sein? — sarebbe così gentile?
das Gutachten — la perizia

H

das Haar, -e — il capello, i capelli
haben — avere
   ich hab's! — l'ho trovato! ecco!
   er hat es gut — è fortunato
   ich habe nichts dagegen — non ho niente in contrario
   den wievielten haben wir heute? — quanti ne abbiamo oggi?
der Hafen, "- — il porto
halb — mezzo; a/per metà
   ein halbes Kilo — mezzo chilo
   es ist halb zehn — sono le nove e mezzo
   auf halbem Weg — a metà strada
die Halbinsel, -n — la penisola
die Hälfte, -n — la metà
der Hals, "-e — il collo
halt! — fermo! alt!
halten — tenere, fermar(si)
   der Wagen hält — la macchina si ferma
   eine Rede halten — tenere un discorso
   Wort halten — mantenere la parola
   ich halte das für eine gute Idee — la ritengo un'idea buona
   für wen hältst du mich? — per chi mi prendi?
die Haltestelle, -n — la fermata
das Halteverbot — il divieto di sosta
der Hammer, "- — il martello
die Hand, "-e — la mano
der Handel — il commercio
handeln — agire; commerciare
   sich handeln (um) — trattarsi (di)
   es handelt sich um die genaue Adresse — si tratta dell'indirizzo esatto
der Handwerker, - — l'artigiano
das Handwerk — l'artigianato
hängen — pendere, appendere
   das Foto hing an der Wand — la foto pendeva alla parete
   er hängte das Foto an die Wand — appese la foto al muro
hart — duro/duramente
   eine harte Arbeit — un lavoro faticoso

    eine harte Prüfung — un esame difficile
    eine harte Strafe — una punizione severa
    hart bleiben — non commuoversi, non cedere
der Haß — l'odio
häufig — spesso, frequente
die Hauptsache, -n — la cosa essenziale
    die Hauptsache ist, daß du da bist — l'importante è che tu sia qui
die Hauptstadt, "-e — la capitale
das Haus, "-er — la casa
    zu Hause (sein) — (essere) a casa
die Hausfrau, -en — la casalinga, la padrona di casa
der Haushalt, -e — il governo della casa
die Haut, "-e — la pelle
heben, hervor-heben — sollevare, alzare / far risaltare

das Heft, -e — il quaderno
heilig — santo/santamente, sacro
die Heimat (kein Pl.) — la patria, il paese natio
heiraten — sposare, sposarsi
heiß — caldo, bollente
    es ist heiß — fa molto caldo
heißen — chiamarsi, significare
    ich heiße... — mi chiamo...
    was heißt das auf deutsch? — come si dice in tedesco?
    was soll das heißen? — cosa significa/vuol dire questo?
    es heißt, er sei gestorben — si dice che sia morto
die Heizung — il riscaldamento
    Zentralheizung — riscaldamento centrale
helfen (+ Dat.) — aiutare, giovare
    er hilft mir bei der Aufgabe — mi aiuta nel compito
    da hilft einmal nichts — non c'è niente da fare
    er weiß sich zu helfen — sa arrangiarsi
hell — chiaro
das Hemd, -en — la camicia
her — qui, qua, in qua
    komm her! — vieni! vieni qua!
    wie lange ist das her? — quanto tempo è passato?
herauf — su, in su
    komm herauf! — vieni su! sali!
heraus — fuori

er kommt aus dem Zimmer heraus	esce dalla stanza
dabei kommt nichts heraus	non ne viene fuori nulla
der Herbst	l'autunno
der Herd	il fornello
herein!	avanti!
kommen Sie herein!	entri pure!
der Herr, -en	il signore
herrlich	magnifico, molto bello
herrschen	regnare, dominare
her-stellen	produrre
die Fabrik stellt Möbel her	la fabbrica produce mobili
herum	attorno
er geht um das Haus herum	gira attorno alla casa
herunter	giù, in giù
komm herunter!	vieni giù! scendi!
das Herz, -en	il cuore
von Herzen gern	con tutto il cuore
herzlich	cordiale/cordialmente
herzliche Grüße!	cordiali saluti!
heute	oggi
von heute an	da oggi in poi
hier	qui, qua; ecco
hier!	presente!
die Hilfe, -n	l'aiuto
Hilfe!	aiuto!
die Erste Hilfe	il pronto soccorso
der Himmel	il cielo
am Himmel	nel cielo
hin	là, in là
ich gehe auch hin	ci vado anch'io
hin und wieder	ogni tanto, di tanto in tanto
hin und zurück	andata e ritorno
hinauf	su, in su
hinaus	fuori
hinausgehen	uscire
hindern	impedire, ostacolare
hinein	dentro
ins Haus hineingehen	entrare nella (in) casa
hinten	dietro, in fondo dietro
hinter (+ Dat./Akk.)	
hinter der Schule ist ein Hof	dietro la scuola c'è un cortile

    er stellt das Fahrrad hinter die Mauer
        mette la bicicletta dietro il muro

hinunter — giù, in giù, in discesa
    hinunterfallen — cadere giù

hinzu-fügen — aggiungere

die Hitze (kein Pl.) — il caldo, il calore

das Hobby, -s — il passatempo, l'hobby

hoch — alto
    der Berg ist hoch — la montagna è alta
    ein hoher Berg — una montagna alta

höchstens — al massimo

die Hochzeit — le nozze f. pl.

der Hof, "-e — il maso, il cortile
    der Bauer verkauft den Hof — il contadino vende il maso
    die Kinder spielen im Hof — i bambini giocano nel cortile

hoffen — sperare
    ich hoffe es — lo spero
    ich hoffe auf deine Hilfe — spero nel tuo aiuto

hoffentlich — speriamo che
    hoffentlich kommt er bald — speriamo che venga presto

die Hoffnung, -en — la speranza

höflich — cortese/cortesemente

die Höhe — l'altezza

holen — andare a prendere
    ich hole die Post — vado a prendere la posta

das Holz — il legno, la legna
    aus Holz — di legno

hören — sentire, ascoltare, stare a sentire
    ich höre dir zu — ti ascolto
    ich höre Klavier spielen — sento suonare il pianoforte
    ich habe davon gehört — ne ho sentito parlare
    laß etwas von dir hören! — fatti vivo!
    er will davon nichts hören — non ne vuol sentire

der Hörer, - — l'uditore, l'ascoltatore
    nimm den Hörer ab! — stacca il ricevitore!

die Hose, -n — i pantaloni

das Hotel, -s — l'albergo, l'hotel

hübsch — carino, grazioso

der Hund, -e — il cane

der Hunger (kein Pl.) — la fame

hungrig — affamato
    ich bin hungrig — ho fame

der Husten (kein Pl.) — la tosse
der Hut, "-e — il cappello
sich hüten (vor) — guardarsi (da)
    ich werde mich hüten, das zu tun — mi guarderò dal farlo

I

die Idee, -n — l'idea
immer — sempre
in (+ Dat./Akk.) — in, a
    ich gehe in die Stadt — vado in città
    im Frühling — in primavera
    in Bozen — a Bolzano
die Industrie, -n — l'industria
der Inhalt — il contenuto
das Inland — l'interno (paese)
die Insel, -n — l'isola
das Instrument, -e — lo strumento
intelligent — intelligente/intelligentemente
interessant — interessante
    sich interessant machen — rendersi interessante
das Interesse — l'interesse
    von großem Interesse — di grande interesse
sich interessieren (für) — interessarsi (di/a)
international — internazionale,
inzwischen — intanto, frattanto
irgend - — qualunque, qualsiasi, qualche
    irgendeiner wird es schon tun — qualcuno lo farà
    irgendwo findest du ihn schon — lo troverai in qualche posto
    irgendwie — in qualche modo
der Irrtum, "-er — l'errore, lo sbaglio
    du bist im Irrtum — ti sbagli
der Italiener, - — l'italiano
die Italienerin, -nen — l'italiana
italienisch — italiano
    auf italienisch — in italiano
    ich lerne Italienisch — imparo l'italiano
    ins Italienische übersetzen — tradurre in italiano

J

ja	sì
die Jacke, -n	la giacca
die Jagd	la caccia
das Jahr, -e	l'anno
einmal im Jahr	una volta all'anno
die Jahreszeit, -en	la stagione
das Jahrhundert, -e	il secolo
jedenfalls	in ogni caso
jeder, jede, jedes	ogni; ognuno
ich kaufe jeden Tag Brot	compero ogni giorno del pane
jeder von uns	ognuno di noi
je ... desto (um so)	quanto ... tanto
je länger, desto (um so) besser	quanto più lungo tanto meglio
jedoch	però
jemand	qualcuno
jetzt	ora, adesso
die Jugend (kein Pl.)	la gioventù
die Jugendlichen	i giovani
jung	giovane
die jungen Leute	i giovani
der Junge, -n	il ragazzo, il giovane

K

der Kaffee	il caffè
der Kalender, -	il calendario
kalt	freddo
die Kälte (kein Pl.)	il freddo
der Kamm, ¨-e	il pettine
(sich) kämmen	pettinar(si)
kaputt	rotto, rovinato
die Karte, -n	la cartolina, il biglietto
die Postkarte	la cartolina postale
die Eintrittskarte	il biglietto d'ingresso
die Kartoffel, -n	la patata
der Käse	il formaggio
die Kasse, -n	la cassa
der Kasten, ¨-	la cassa, la cassetta, l'armadio

die Katze, -n	il gatto
kaufen	comperare
das Kaufhaus, "-er	il supermercato, il magazzino
der Kaufmann, die Kaufleute	il commerciante
kaum	appena, difficilmente, a stento
er wird kaum noch kommen	sarà difficile che venga ancora
er kann kaum gehen	non può quasi camminare
kein, keine, kein	nessuno, non uno, non (affatto)
ich habe keine Zeit	non ho tempo
keiner, keine, keines	nessuno, non uno
keiner von uns	nessuno di noi
der Keller, -	la cantina
der Kellner, -	il cameriere
die Kellnerin, -nen	la cameriera
kennen	conoscere
kennenlernen	conoscere; fare la conoscenza di
ich kenne ihn seit langem	lo conosco da tempo
gestern habe ich seinen Vater kennengelernt	ieri ho conosciuto suo padre
ich kenne ihn vom Sehen	lo conosco di vista
die Kenntnis, -se	la conoscenza, la cognizione
zur Kenntnis nehmen	prendere atto
zur Kenntnis bringen	portare a conoscenza
die Kerze, -n	la candela
das Kind, -er	il bambino, la bambina
der Kindergarten, "-	la scuola materna, l'asilo
das Kino, -s	il cinema
der Kiosk, -e	il chiosco
die Kirche, -n	la chiesa
klagen (über)	lagnarsi (di)
klar	chiaro/chiaramente, limpido
die Klasse, -n	la classe
eine Fahrkarte zweiter Klasse	un biglietto di seconda classe
kleben	essere attaccato, appiccicare, incollare, attaccare
die Briefmarke klebt nicht	il francobollo non attacca
das Kleid, -er	il vestito (da donna)
die Kleider	gli indumenti
klein	piccolo
von klein auf	sin dall'infanzia

    dieses Wort wird klein geschrieben
        questa parola si scrive con l'iniziale minuscola

das Klima — il clima
die Klingel, -n — il campanello
klingeln — suonare il campanello
    es klingelt an der Tür — suonano alla porta
die Klinik, -en — la clinica
klopfen — bussare
klug — intelligente, saggio, giudizioso
das Knie, - — il ginocchio
der Knochen, - — l'osso
der Knopf, "-e — il bottone
der Koch, "-e — il cuoco
kochen — cucinare, cuocere, bollire
    sie kocht gut — cucina bene
    die Milch kocht — il latte bolle
der Koffer, - — la valigia, il baule
die Kohle, -n — il carbone
der Kollege, -n — il collega, i colleghi
die Kollegin, -nen — la collega, le colleghe
komisch — buffo, comico, strano/stranamente

kommen — venire
    zuerst komme ich (dran) — prima tocca a me
    wie bist du daraufgekommen? — come sei riuscito a saperlo?
komplizieren — complicare
die Konferenz, -en — la conferenza
können — potere; sapere
    er kann lesen — sa leggere
    das kann schon so sein — può essere così
der Kontakt, -e — il contatto
die Kontrolle — il controllo
das Konzert, -e — il concerto
der Kopf, "-e — la testa, il capo
    Kopfweh — mal di testa
die Kopie, -n — la copia
der Körper, - — il corpo
die Kosten (kein Sing.) — i costi
kosten — costare; assaggiare
    viel kosten — essere caro
    was kostet das Buch? — quanto costa il libro?
    ich koste den Wein — assaggio il vino

die Kraft, ¨-e — la forza, il potere
   das Gesetz tritt in Kraft — la legge entra in vigore
   ich habe keine Kraft mehr — non ho più forza
krank — (am)malato
   krank werden — ammalarsi
das Krankenhaus, ¨-er — l'ospedale
der Krankenpfleger, - — l'infermiere
die Krankenschwester, -n — l'infermiera
der Krankenwagen, - — l'ambulanza
die Krankheit, -en — la malattia
das Kreuz, -e — la croce
die Kreuzung, -en — l'incrocio
der Kreis, -e — il cerchio, il circolo
der Krieg, -e — la guerra
   Krieg führen — fare la guerra
kriegen — ricevere
die Küche, -n — la cucina
der Kuchen, - — la torta
   willst du ein Stück Kuchen? — vuoi un pezzo di torta?
der Kugelschreiber, - — la (penna) biro
kühl — fresco
   kühles Wetter — tempo fresco
die Kultur, -en — la cultura
der Kunde, -n, — il cliente,
die Kundin, -nen — la cliente
die Kunst, ¨-e — l'arte
der Künstler, - — l'artista, gli artisti
die Künstlerin, -nen — l'artista, le artiste
der Kurs, -e — il corso
   der Deutschkurs — il corso di tedesco
die Kurve, -n — la curva
kurz — breve, brevemente, corto
   vor kurzem — poco fa

L

lächeln — sorridere
lachen — ridere
lächerlich — ridicolo
der Laden, ¨- — il negozio, la bottega

die Lage, -n — la situazione, la posizione
　er ist nicht in der Lage (zu…) — non è in grado/in condizione di
das Lager, - — il magazzino, il campo, l'accampamento
das Land, "-er — la terra, il paese, la campagna
　auf dem Lande — in campagna
die Landschaft, -en — il paesaggio
　der Landschaftsschutz — la tutela del paesaggio
die Landwirtschaft — l'agricoltura
lang — lungo
　zwei Jahre lang — per due anni
　sein Leben lang — per tutta la sua vita
lange — a lungo, lungamente
　wie lange dauert es? — quanto (tempo) dura?
　lange brauchen (um … zu) — impiegare molto tempo (per…)
　schon lange — da tanto tempo
die Länge, -n — la lunghezza, la durata
　das zieht sich in die Länge — va per le lunghe
langsam — lento/lentamente, piano
　langsamer fahren — rallentare
langweilig — noioso
sich langweilen — annoiarsi
der Lärm (kein Pl.) — il rumore, il chiasso
lassen — lasciare, fare
　laß das! — lascia stare! smettila!
　lassen Sie mich gehen! — mi lasci andare!
　er hat sich die Haare schneiden lassen — si è fatto tagliare i capelli
die Last, -en — il carico, il peso
das Laster, - — il vizio
lästig — fastidioso, spiacevole
　eine lästige Arbeit — un lavoro fastidioso
　dieser Lärm ist lästig — questo rumore mi dà fastidio
der Lastkraftwagen, - (LKW) — l'autocarro, l'autotreno, il camion
der Lauf, "-e — la corsa, il corso
　im Laufe des Gesprächs — durante il colloquio
　im Laufe der Zeit — con l'andare del tempo
die Laufbahn, -en — la carriera
laufen — correre, camminare
　im laufenden Monat — nel mese corrente
　auf dem laufenden sein — essere al corrente

die Laune, -n — l'umore, lo stato d'animo,
   je nach Laune — secondo l'umore
laut — forte, rumoroso
   mit lauter Stimme — ad alta voce
   lauter! — più forte!
läuten — suonare
leben — vivere
   leben Sie wohl! — addio! stia bene!
das Leben (kein Pl.) — la vita
   Lebensgefahr — pericolo di morte
   ums Leben kommen — perdere la vita
   am Leben sein — essere vivo
lebend(ig) — vivo, vivente,
   die Lebenden (und die Toten) — i vivi (e i morti)
die Lebensmittel (kein Sing.) — i viveri, gli alimentari
   das Lebensmittelgeschäft — il negozio di generi alimentari
lebhaft — vivace/vivacemente, pieno di vita
   lebhafte Farben — colori vivaci
das Leder — il cuoio, la pelle
ledig — celibe, nubile
leer — vuoto, vacante
legen — mettere, posare
   er legt das Buch auf den Tisch — mette il libro sul tavolo
   sich hinlegen — sdraiarsi, coricarsi
   Geld auf die Bank legen — depositare denaro in banca
der Lehrer, - — il maestro, l'insegnante
die Lehrerin, -nen — la maestra, l'insegnante
der Lehrling, -e — l'apprendista
der Leib, -er — il corpo
   ich habe es am eigenen Leib erfahren — l'ho provato su me stesso
   mit Leib und Seele — anima e corpo
leicht — leggero/leggermente, facile
   ein leichter Fehler — un piccolo errore
   eine leichte Arbeit — un lavoro facile
das Leid — il dolore, la pena
   es tut mir leid, daß — mi dispiace che
   er tut mir leid — (egli) mi fa pena
leiden — soffrire, patire
   ich kann ihn nicht leiden — non lo posso soffrire
   er leidet an einer Krankheit — soffre di una malattia
die Leidenschaft, -en — la passione, l'entusiasmo

leider — purtroppo
leihen — (im)prestare, farsi prestare
   ich leihe dir das Buch — ti impresto il libro
   ich leihe mir ein Buch — prendo in prestito un libro
leise — piano
   leise sprechen — parlare a bassa voce
   leise! — piano! silenzio!
leisten — fare, compiere, rendere
   er leistet gute Arbeit — fa un buon lavoro
   sich einen Urlaub leisten — concedersi una vacanza
die Leistung, -en — il rendimento, la prestazione
   seine Leistungen sind schwach — rende poco
lenken — guidare, condurre, dirigere
   den Staat lenken — governare lo stato
   das Auto lenken — guidare la macchina
lernen — imparare, studiare
   er lernt lesen — impara a leggere
   er lernt Deutsch — impara il tedesco
lesen — leggere
der, die, das letzte — l'ultimo, l'ultima
   der vorletzte — il penultimo
die Leute, (kein Sing.) — la gente
   die Leute laufen — la gente corre
   es waren viele Leute da — c'era molta gente
das Licht, -er — la luce
   Licht machen — accendere la luce
lieb — caro
   liebhaben — voler bene, amare
die Liebe (kein Pl.) — l'amore
lieben — amare, voler bene
lieber — piuttosto
das Lied, -er — la canzone
   das Volkslied — la canzone popolare
liegen — essere situato, trovarsi, stare (sdraiato)
   im Bett liegen — essere a letto
   das Buch liegt auf dem Tisch — il libro si trova sul tavolo
der Lift, -e — l'ascensore
   der Sessellift — la seggiovia
link — sinistro
   auf der linken Seite — sul lato sinistro
links — a sinistra

    jetzt mußt du nach links abbiegen
        adesso devi voltare a sinistra

die Liste, -n — la lista, l'elenco
    auf die Liste setzen — mettere in lista

die Literatur, -en — la letteratura
    Literaturgeschichte — storia della letteratura

das Lob — la lode, l'elogio

loben — lodare
    lobende Worte — parole di elogio

das Loch, "-er — il buco, il foro

der Löffel, - — il cucchiaio
    nimm einen Löffel voll! — prendine un cucchiaio colmo!

der Lohn, "-e — la paga, il salario, la ricompensa
    das lohnt sich — vale la pena

das Lokal, -e — il locale, il vano
    lokal — locale, del luogo

los — slegato, staccato
    los! — via su! avanti!
    was ist los? — cosa succede?
    es geht los! — s'incomincia! si parte!

lösen — sciogliere, slegare, risolvere
    der Zucker löst sich im Wasser — lo zucchero si scioglie nell'acqua
    die Fahrkarte lösen — prendere il biglietto (ferroviario)

die Luft, "-e — l'aria
    tief Luft holen — respirare profondamente

die Lüge, -n — la menzogna, la bugia

lügen — dire bugie, mentire

die Lunge, -en — il polmone

die Lust, "-e — la voglia, il piacere
    er hat keine Lust zu lernen — non ha voglia di studiare

lustig — allegro/allegramente, gaio, buffo

der Luxus — il lusso, il fasto

M

machen — fare
    das macht nichts — non importa
    wieviel macht das? — quant'è? quanto fa?

    mach dir nichts draus!   non te la prendere!
die Macht, "-e — il potere, la forza, la potenza
das Mädchen, - — la ragazza
der Magen — lo stomaco
    mit leerem Magen   a stomaco vuoto, digiuno
mager — magro, secco
die Mahlzeit, -en — il pasto
    Mahlzeit!   buon appetito!
das Mal — la volta
    zum ersten Mal   per la prima volta
    einmal   una volta

malen — pitturare, dipingere, tingere,
    die Möbel rot malen   dipingere i mobili di rosso
man — si (impersonale)
    man hat mir gesagt   mi hanno detto
    man kann nie wissen   non si può mai sapere
manchmal — qualche volta, talvolta
mancher, manche, manches — qualche

der Mangel, "- — la scarsità, la carenza, la mancanza, il difetto
    aus Mangel an Beweisen freisprechen   assolvere per insufficienza di prove
der Mann, "-er — l'uomo, il marito
die Mannschaft, -en — la squadra, l'equipaggio, la truppa

der Mantel, "- — il mantello, il cappotto, il soprabito
    den Mantel anziehen   mettere il cappotto
der Markt, "-e — il mercato
die Maschine, -n — la macchina
    die Schreibmaschine   la macchina da scrivere
    mit der Maschine schreiben   battere a macchina
die Mauer, -n — il muro
das Material, -ien — il materiale
die Medizin — la medicina
    er studiert Medizin   studia medicina
    er braucht eine Medizin   ha bisogno di una medicina
das Meer, -e — il mare
    auf dem Meer   in mare
die Mehlspeise, -n — il dolce (cibo farinaceo)
mehr — più (di/che)

es ist nicht mehr hier	non è più qui
mehr als tausend Leute	più di mille persone
mehrere	parecchi
er kennt mehrere alte Städte	conosce parecchie città antiche
die Mehrheit, -en	la maggioranza
meinen	pensare, credere, avere intenzione, riferirsi
es ist nicht böse gemeint	non c'è (alcuna) cattiva intenzione
was meinst du (dazu)?	che ne pensi?
er meint uns	si riferisce a noi
die Meinung, -en	l'opinione, il parere
meiner Meinung nach	a mio parere
ich bin anderer Meinung	sono di parere diverso
meist(ens)	per lo più
das Meldeamt	l'ufficio anagrafe
melden	riferire, annunciare, presentarsi (da)
es meldet sich niemand (beim Telefon)	non risponde nessuno (al telefono)
ich melde mich morgen	mi faccio vivo domani
die Menge, -n	la folla, la massa, la quantità
eine Menge Bücher	una gran quantità di libri
er hat eine Menge Geld	ha un sacco di soldi
der Mensch, -en	l'uomo, l'essere umano
menschlich	umano
die Menschheit	l'umanità
merken	notare, accorger(si) di
man merkte es gar nicht	non ci si accorse
das werde ich mir merken!	questo me lo ricorderò!
die Messe, -n	la messa, la fiera
die Bozner Messe	la fiera di Bolzano
messen	misurare, paragonare
das Messer, -	il coltello
das Metall, -e	il metallo
die Miete, -n	l'affitto
mieten	prendere in affitto, affittare, noleggiare
ein Auto mieten	noleggiare una macchina
die Milch	il latte
die Minderheit, -en	la minoranza

minderjährig — minorenne
mindestens — almeno, per lo meno
die Minute, -n — il minuto
mißhandeln — maltrattare, seviziare
das Mißverständnis, -se — il malinteso, l'equivoco
   ein Mißverständnis beseitigen — chiarire un equivoco
mißverstehen — fraintendere, capire male
mit (+ Dat.) — con, a, in
   ich gehe mit ihm — vado con lui
   ich fahre mit dem Auto — vado in macchina
   mit dem heutigen Tag — a partire da oggi
der Mitarbeiter, - — il collaboratore
miteinander — insieme, uno con l'altro
das Mitglied, -er — il membro
das Mitleid — la compassione
der Mittag, -e — il mezzogiorno
   zu Mittag/mittags — a mezzogiorno
das Mittagessen — il pranzo
   zu Mittag essen — pranzare
die Mitte, -n — il centro
   Mitte September — a metà settembre
   die Stadtmitte — il centro della città
mit-teilen — partecipare, comunicare
das Mittel, - — il mezzo, il rimedio, il modo
   einen Mittelweg finden — trovare una via di mezzo
der Mittelpunkt, -e — il punto centrale, il centro
   im Mittelpunkt des Interesses stehen — essere al centro dell'interesse
mitten — nel mezzo, a metà, nel cuore
   mitten im Sommer — in piena estate
   mitten im Monat — a metà mese
   mitten in der Stadt — nel centro della città
die Möbel — i mobili
die Mode, -n — la moda
   nach der neuesten Mode — all'ultima moda
mögen — volere, aver voglia di
   was möchten Sie? — cosa desidera (Lei?)
   das mag (schon) sein — può (ben) darsi
möglich — possibile
   möglich machen — rendere possibile
   so schnell wie möglich (möglichst schnell) — al più presto possibile

die Möglichkeit, -en	la possibilità
der Moment, -e	il momento, l'istante, l'attimo
im letzten Moment	all'ultimo minuto
der Monat, -e	il mese
der Monat Mai	il mese di maggio
der Mond	la luna
Vollmond/Neumond	luna piena/luna nuova
morgen	domani
übermorgen	domani l'altro, dopodomani
morgen früh	domani mattina, domattina
morgen mittag	domani a mezzogiorno
bis morgen!	a domani!
der Morgen, -	il mattino, la mattina
am frühen Morgen	all'alba, di buon mattino
der Motor, -en	il motore
den Motor anlassen	avviare il motore
den Motor abstellen	spegnere il motore
müde	stanco
müde werden	stancarsi
die Mühe, -n	la fatica
mit großer Mühe	a stento
es ist der Mühe wert	vale la pena
Mühe machen	costare fatica
der Mund, "-er	la bocca
mündlich	orale, verbale
mündlich mitteilen	comunicare verbalmente
die Münze, -n	la moneta
die Telefonmünze	il gettone
(die Einwurfmünze)	
das Museum, die Museen	il museo
die Musik	la musica
müssen	dovere, bisognare
ich muß fort	devo andare
man muß arbeiten	bisogna lavorare
der Mut	il coraggio, l'animo
nur Mut!	coraggio!
es gehört Mut dazu	ci vuole un bel coraggio
die Mutter, "-	la madre
die Muttersprache	la madrelingua

N

nach (+Dat.) — a, in, verso, dopo, secondo
  ich gehe nach Hause — vado a casa
  ich fahre nach Meran — vado a Merano
  nach ihm — dopo di lui, secondo lui
  nach und nach — un po' per volta
der Nachbar, -n — il vicino
nachdem — dopo, dopo di che
  je nachdem — secondo che
  je nachdem, wann ich fertig werde — dipende da quando avrò finito
nach-denken — riflettere, ripensare
nacheinander — uno dopo l'altro, di seguito
die Nachforschung, -en — l'indagine, la ricerca
die Nachfrage, -n — la domanda, la richiesta
nach-geben — cedere, assecondare, accondiscendere
nachher — dopo, in seguito
  er geht jetzt aus, weil er nachher keine Zeit hat — esce adesso, perché dopo non ha tempo
nach-kommen — venire dopo, far fronte a, adempiere
der Nachmittag, -e — il pomeriggio
  nachmittags — di pomeriggio
  am Nachmittag — nel pomeriggio
die Nachricht, -en — la notizia, il giornale (radio)
  Nachricht haben — avere notizie
  die neuesten Nachrichten — le ultime notizie
nach-sehen — verificare, controllare, dare un'occhiata
der, die, das nächste — il prossimo, il venturo
  wer ist der nächste? — a chi tocca?
die Nacht, ¨-e — la notte
  in der Nacht — durante la notte
  nachts — di notte
  um Mitternacht — a mezzanotte
der Nachteil, -e — lo svantaggio, lo sfavore
  nachteilige Folgen — conseguenze negative
der Nachtisch, -e — il dessert (frutta/dolce)
der Nagel, ¨- — il chiodo
nahe (bei) — vicino (a)

näher kommen	avvicinarsi
die Nähe	la vicinanza
aus der Nähe	da vicino
ganz in der Nähe	vicinissimo
(sich) nähren	nutrir(si), alimentar(si)
die Nahrung	l'alimentazione, il cibo, il vitto
der Name, -n	il nome
der Vorname	il nome (di battesimo)
der Familienname	il cognome
wie ist Ihr Name?	come si chiama (Lei)?
nämlich	cioe vale a dire precisamente
er will nicht, er ist nämlich zu faul	non vuole, perché è troppo pigro
die Nase, -n	il naso
eine gute Nase haben	avere buon fiuto
die Nase in alles stecken	ficcare il naso dappertutto
naß	bagnato
naß werden	bagnarsi
die Nation, -en	la nazione
die Natur, -en	la natura
von Natur aus	per natura
natürlich	naturale/naturalmente
der Nebel	la nebbia
neb(e)lig	nebbioso
neben (+ Dat./Akk.)	vicino, accanto, a fianco di
der Stuhl steht neben dem Tisch	la sedia è vicino alla tavola
stelle den Stuhl neben den Tisch!	metti la sedia vicino alla tavola!
nebeneinander	l'uno accanto all'altro, fianco a fianco
der Neffe, -n	il nipote (di zio)
nehmen	prendere, afferrare, togliere
auf sich nehmen	assumersi
nein	no
nein sagen	dire di no
nennen	nominare, dare un nome, chiamare
ich will keine Namen nennen	non voglio fare nomi
nervös	nervoso

nett — gentile, carino, simpatico
  das ist nett von dir — è carino da parte tua
neu — nuovo
  von neuem — di nuovo, nuovamente
  was gibt es Neues? — che c'è di nuovo?
neugierig — curioso
die Neuigkeit, -en — la novità
  eine Neuigkeit erfahren — venire a sapere una novità
Neujahr — Capodanno
nicht — non
  nicht wahr? — non è vero? nevvero?
  nicht einmal — nemmeno
  ich auch nicht — nemmeno io
die Nichte, -n — la nipote (di zio)
nichts — niente
  nichts anderes — nient'altro
  gar nichts — niente affatto
  das ist nichts für dich — non fa per te
nie — (non) ... mai
  nie wieder — mai più
nieder — giù, abbasso
  niederlegen — posare, mettere giù
sich nieder-lassen — calarsi, posarsi, stabilirsi
niedrig — basso
niemand — nessuno
  ich habe niemanden gesehen — non ho visto nessuno
  es ist niemand da — non c'è nessuno
nirgends — da/in nessuna parte
noch — ancora
  noch einmal — ancora una volta
  noch nicht — non ancora
  weder du noch ich — né tu, né io
der Norden — il nord, il settentrione
  im Norden — al nord
  nördlich (von Bozen) — a nord (di Bolzano)
die Not, "-e — il bisogno, la necessità
  er ist in Not — si trova in difficoltà
notwendig — necessario
die Nummer, -n — il numero
  die Telefonnummer wählen — fare il numero (di telefono)
nun — ora, adesso
  nun fangen wir an! — ora s'incomincia!

German	Italian
und nun?	e allora?
nur	solo, soltanto
nur zwei Stunden	solo due ore
nützlich	utile
nützen	essere utile, giovare

O

ob — se
  und ob! — e come!
  als ob — come se
  (so) tun als ob — fare finta di
oben — su, sopra, in alto, in cima in testa
  von oben bis unten — da cima a fondo
die Oberfläche, -n — la superficie
  oberflächlich — superficiale
das Obst, (kein Pl.) — la frutta
obwohl — sebbene, quantunque
oder — o, oppure
offen — aperto/apertamente, libero/liberamente
  er spricht offen — parla apertamente
  halboffen — socchiuso
öffentlich — pubblico/pubblicamente
öffnen — aprire
die Öffnung, -en — l'apertura
  die Öffnungszeiten — l'orario di apertura
oft — spesso
  wie oft? — quante volte?
  so oft wie möglich — il più spesso possibile
ohne (+ Akk.) — senza
  ohne dich — senza di te
  er tritt ein, ohne anzuklopfen — entra senza bussare
  ohne weiteres — senz'altro
das Ohr, -en — l'orecchio
das Öl — l'olio
  Heizöl — gasolio
  Erdöl — petrolio
der Onkel, - — lo zio
die Operation, -nen — l'operazione

das Opfer, - — il sacrificio, la vittima
   ein kleines Opfer bringen — fare un piccolo sacrificio
ordentlich — ordinato/ordinatamente, accurato/accuratamente, regolato
   ordentliche Leute — gente ammodo
ordnen — ordinare, sistemare, disporre
die Ordnung, -en — l'ordine, il comando
   in Ordnung! — va bene!
   in Ordnung bringen — mettere in ordine
das Original, -e — l'originale
   originell — originale (strano)
der Ort, -e — il luogo, il posto
   an Ort und Stelle — sul luogo/posto
der Osten — l'est, l'oriente
   im Nahen Osten — nel vicino Oriente
   im Fernen Osten — nell'estremo Oriente
Ostern — Pasqua
   zu Ostern — a Pasqua
   Frohe Ostern! — Buona Pasqua!

P

paar — qualche, alcuni/e
   vor ein paar Tagen — qualche giorno fa
   ich kaufe ein paar Äpfel — compero un po' di mele
   ich sehe ihn in ein paar Tagen wieder — lo rivedo fra alcuni giorni
das Paar, -e — il paio, la coppia
   ein Paar Schuhe — un paio di scarpe
packen — afferrare, prendere, cogliere, impacchettare
   die Koffer packen — fare le valigie
das Päckchen — il pacchetto
das Paket, -e — il pacco
die Panne, -n — il guasto, la disavventura
das Papier, -e — la carta
   ein Blatt Papier — un foglio di carta
   Briefpapier — carta da lettere
   Ihre Papiere, bitte! — i Suoi documenti per favore!
der Park, -s — il parco
parken — parcheggiare

Parken verboten! — divieto di parcheggio!
der Parkplatz, "-e — il parcheggio
die Partei, -en — il partito, la parte, la frazione
Parteienverkehr — orario per il pubblico
der Paß, "-sse — il passaporto, il passo
ein ausländischer Paß — un passaporto straniero
wir fahren über den Paß — superiamo il passo
passen — stare/andare, adattarsi
die Schuhe passen — le scarpe vanno bene
das paßt mir nicht — non mi va
passieren — succedere, accadere
gerade mir mußte das passieren! — proprio a me doveva capitare!
der Patient, -en — il paziente, il malato
die Pause, -en — l'intervallo, la pausa, la sosta
das Pech — la pece
ich habe Pech gehabt — ho avuto sfortuna
die Pension, -en — la pensione
in einer Pension wohnen — abitare in una pensione
eine Pension beziehen — riscuotere una pensione
die Person, -en — la persona
persönlich — personale/personalmente
die Pfeife, -n — la pipa, il fischietto
das Pferd, -e — il cavallo
Pfingsten — Pentecoste
die Pflanze, -n — la pianta
pflanzen — piantare
das Pflaster — il selciato, il cerotto
die Pflege, -n — la cura, l'assistenza
pflegen — curare, assistere, coltivare, essere solito
einen Kranken pflegen — assistere un malato
er pflegt abends zu lesen — è solito leggere di sera
die Pflicht, -en — il dovere
Rechte und Pflichten — diritti e doveri
seine Pflicht erfüllen — adempiere il proprio dovere
pflücken — cogliere, raccogliere
Obst pflücken — raccogliere frutta
Blumen pflücken — cogliere fiori
die Phantasie — la fantasia, l'inventiva
der Plan, "-e — il piano, la pianta
der Stadtplan — la pianta della città

der Stundenplan	l'orario delle lezioni
der Fahrplan (Zug, Autobus)	l'orario
das Plakat, -e	l'affisso, il manifesto, il cartellone
die Platte, -n	la lastra, il piatto, il disco
eine kalte Platte	un piatto freddo
eine Platte auflegen	mettere (su) un disco
der Plattenspieler	il giradischi
der Platz, "-e	il posto, la piazza
es ist kein Platz	non c'è posto
nehmen Sie Platz, bitte!	s'accomodi per favore!
plötzlich	ad un tratto, all'improvviso, improvvisamente
die Politik (kein Pl.)	la politica
politisch	politico
die Polizei	la polizia
sich bei der Polizei melden	presentarsi alla polizia
der Polizist, -en	il poliziotto
die Post	la posta
ist die Post schon da?	è già arrivata la posta?
gehst du auf die Post?	vai alla posta?
postlagernd	fermo (in) posta
die Postanweisung, -en	il vaglia postale
praktisch	pratico/praticamente
praktisch unmöglich	praticamente impossibile
ein praktischer Arzt	medico generico
der Preis, -e	il prezzo , il premio
die Preise sind hoch	i prezzi sono alti
er gewann einen Preis	vinse un premio
die Presse, -n	la stampa, la pressa, il torchio
der Priester, -	il prete, il sacerdote
privat	privato/privatamente
probieren	provare, assaggiare
das Problem, -e	il problema
die Produktion	la produzione
der Professor, -en	il professore
die Professorin, -nen	la professoressa
das Programm, -e	il programma
die Promotion, -en	la laurea
promovieren (bei Professor...)	laurearsi (con il professore...)
protestieren	protestare, contestare
der Protest	la protesta

das Protokoll, -e — il protocollo, il verbale
    zu Protokoll geben — mettere a verbale
die Provinz, -en — la provincia
    die autonome Provinz — la Provincia autonoma
der Prozeß, -sse — il processo, il procedimento
    einen Prozeß führen — (muovere) fare causa
die Prüfung, -en — l'esame
    eine Prüfung ablegen — fare un esame
    eine mündliche Prüfung — un esame orale
    eine schriftliche Prüfung — un esame scritto
prüfen — esaminare
das Publikum — il pubblico, gli spettatori
der Punkt, -e — il punto
    Punkt 12 Uhr — alle 12 in punto
    pünktlich — puntuale/puntualmente
putzen — pulire, lucidare
    sich die Zähne putzen — lavarsi i denti

Q

(sich) quälen — tormentar(si)
    jemanden mit Fragen quälen — importunare qualcuno con delle domande
die Qualität, -en — la qualità
    schlechte Qualität — qualità scadente
die Quelle, -n — la sorgente, la fonte
    aus amtlicher Quelle — da fonte ufficiale
    aus zuverlässiger Quelle — da fonte sicura
quer — trasversale, traverso
    quer durch die Stadt — attraverso la città
    kreuz und quer — in lungo e in largo
die Quittung, -en — la ricevuta, la quietanza

R

das Rad, "-er — la ruota, la bicicletta
    das Motorrad — la moto(cicletta)
    radfahren — andare in bicicletta
das Radio, -s — la radio
    im Radio — alla radio

Radio hören
der Radioapparat, -e
der Rand, "-er
   der Stadtrand
   er ist am Rande der Verzweiflung

sich rasieren
   der Rasierapparat
der Rat, die Räte
der Rat, die Ratschläge
   höre auf seinen Rat!
   ich frage ihn um Rat
raten
   was rätst du mir?
   ich weiß nicht, ich kann nur raten

rauchen
   Rauchen verboten
der Raum, "-e
rechnen

   wir hatten mit diesem Erfolg nicht gerechnet

die Rechnung, -en
   die Rechnung bitte!
das Recht (kein Pl.)
   zu Recht
   ich habe das Recht (zu)
   recht geben
recht
   die rechte Hand
rechts
   sich rechts halten
der Rechtsanwalt, "-e
rechtzeitig
reden
   über etwas reden
die Rede, -n
   das ist nicht der Rede wert
die Regel, -n
   in der Regel
regelmäßig

ascoltare la radio
la radio (l'apparecchio)
l'orlo, il bordo, il margine
   la periferia della città
   è sull'orlo della disperazione

radersi, farsi la barba
   il rasoio
il consigliere
il consiglio
   dagli retta!
   gli chiedo un consiglio
consigliare, indovinare
   che cosa mi consigli?
   non so, posso solo indovinare

fumare
   vietato fumare
il vano, il locale, lo spazio
calcolare, conteggiare, fare i conti
   non avevamo contato su questo successo
il conto, la fattura
   il conto per favore!
il diritto
   a ragione
   ho il diritto (di)
   dare ragione
giusto, destro
   la mano destra
a destra
   tenere la destra
l'avvocato, il legale
in tempo, tempestivamente
parlare
   parlare di qualcosa
il discorso, l'allocuzione
   non vale la pena parlarne
la regola
   di regola
regolare/regolarmente

der Regen — la pioggia
    der (Regen-)Schirm — l'ombrello
    der Regenmantel — l'impermeabile
die Regierung, -en — il governo
die Region, -en — la regione
regnen — piovere
reich — ricco
reif — maturo
    Reifeprüfung — esame di maturità
der Reifen, - — il cerchio, il pneumatico
die Reihe, -n — la fila
    er sitzt in der zweiten Reihe — siede nella seconda fila
    er ist an der Reihe — tocca a lui
reinigen — pulire
    chemisch reinigen — pulire a secco
die Reise, -n — il viaggio
reisen — viaggiare
    ins Ausland reisen — andare all'estero
    nach Süden reisen — viaggiare verso il Sud
der/die Reisende — il viaggiatore/la viaggiatrice
reißen — strappare, stracciare, rompersi
    etwas an sich reißen — impadronirsi di qualche cosa
die Religion, -en — la religione, la confessione
rennen — correre
    das Rennen — la corsa
die Reparatur, -en — la riparazione
    die Reparaturwerkstätte — l'officina di riparazione
reservieren — riservare
der Rest, -e — il resto, l'avanzo
    das hat ihm den Rest gegeben — ciò gli ha dato il colpo di grazia
das Restaurant, -s — il ristorante
retten — salvare
    er hat ihm das Leben gerettet — gli ha salvato la vita
    er hat ihn vor einem Unfall gerettet — lo ha salvato da un incidente
die Rettung — la salvezza, il salvataggio
    rufe die Rettung / den Rettungswagen! — chiama l'(auto)ambulanza!
das Rezept, -e — la ricetta, la prescrizione
    ein Rezept verschreiben — prescrivere una ricetta
(sich) richten — drizzare, puntare, orientare, preparare, rivolgersi, regolarsi

    einen Brief an jemanden richten
        indirizzare una lettera a qualcheduno

    seine Aufmerksamkeit auf etwas richten
        rivolgere la propria attenzione su qualche cosa

    ich richte mich nach dir
        mi adeguo a te

der Richter, - — il giudice

richtig — esatto/esattamente, corretto/correttamente, giusto/giustamente

die Richtung, -en — la direzione
    in entgegengesetzter Richtung
        nella direzione opposta
    in Richtung auf . . .
        in direzione di...

riechen — odorare, fiutare, essere profumato
    gut oder schlecht riechen
        avere un buono o cattivo odore
    diese Blume riecht schwach
        questo fiore è poco profumato

der Ring, -e — l'anello, il cerchio

das Risiko, -ken — il rischio, l'impresa rischiosa
    auf eigenes Risiko
        a proprio rischio

der Rock, "-e — la gonna, la giacca (da uomo)

roh — crudo, rude
    rohes Fleisch — carne cruda
    ein roher Mensch — un uomo rozzo

die Rolle, -n — il ruolo, il rotolo, la parte
    das spielt keine Rolle
        non ha alcuna importanza
    eine Rolle Papier — un rotolo di carta
    er hat eine untergeordnete Rolle
        ha una parte secondaria

rot — rosso
    rot werden — arrossire, diventare rosso

der Rücken, - — la schiena, il dorso

die Rückfahrt — il viaggio di ritorno

die Rücksicht — il riguardo, il rispetto
    (mit) aus Rücksicht auf dich
        con/per riguardo a te

rückwärts — indietro
    rückwärts fahren — fare marcia indietro
    von rückwärts — da dietro

rufen — chiamare, gridare
    Ruf(e)zeichen — punto esclamativo

die Ruhe (kein Pl.) — la quiete, la calma, la tranquillità
    Ruhe! — silenzio!
    laß mich in Ruhe! — lasciami in pace!

die Ruhe bewahren	mantenere la calma
ruhig	tranquillo/tranquillamente, quieto
er hat ein ruhiges Zimmer	ha una stanza tranquilla
du kannst ruhig später kommen	puoi benissimo venire più tardi
(sich)rühren	muover(si), mescolare
keinen Finger rühren	non muovere/alzare un dito
rund	rotondo, all'incirca
rund hundert Personen	cento persone all'incirca
eine Reise rund um die Welt	un viaggio intorno al mondo
der Rundfunk (kein Pl.)	la radio
ein Rundfunkteilnehmer	un radioabbonato
rutschen	scivolare, slittare
ich bin ausgerutscht	sono scivolato

S

der Saal, die Säle	la sala
der Speisesaal	la sala da pranzo
der Wartesaal	la sala d'aspetto
die Sache, -n	la cosa, l'oggetto, il fatto
bei der Sache sein	non distrarsi
es ist Sache der Eltern, die Kinder zu erziehen	spetta ai genitori educare i figli
zur Sache!	ai fatti!
der Sack, "-e	il sacco, la sacca
der Rucksack	lo zaino
sagen	dire
was du nicht sagst!	ma che dici!
das ist leichter gesagt als getan	è facile a dirsi, ma non a farsi
der Salat, -e	l'insalata
das Salz	il sale
sammeln	raccogliere, far collezione
Briefmarken sammeln	collezionare francobolli
der Sand	la sabbia, l'arena
satt	sazio
satt sein	essere sazio
ich habe es satt	ne ho abbastanza
der Satz, "-e	la proposizione, la frase
ein langer Satz	una frase lunga

ein Satz Briefmarken — una serie di francobolli
sauber — pulito, netto
  saubermachen — pulire
  eine saubere Arbeit — un lavoro accurato
  sauber waschen — lavare bene
sauer — acido, aspro, duro
  eine saure Frucht — un frutto acerbo
die Schachtel, -n — la scatola, la confezione
  eine Schachtel Knöpfe — una scatola di bottoni
schade! — peccato!
der Schaden, "- — il danno
schaden — nuocere, danneggiare

der Schaffner, - — il controllore, il bigliettaio
der Schalter, - — lo sportello, l'interruttore
  ich kaufe eine Fahrkarte am Schalter — compero un biglietto allo sportello
  wo ist der (Licht-)Schalter? — dov'è l'interruttore?
sich schämen — vergognarsi, avere vergogna
scharf — acre/acremente, affilato, tagliente, aspro
  ein scharfes Messer — un coltello tagliente
  ein scharfes Getränk — una bevanda forte
  eine scharfe Speise — un cibo piccante
  ein scharfes Bild — un'immagine nitida

der Schatten, - — l'ombra
  dreißig Grad im Schatten — trenta gradi all'ombra
schätzen — apprezzare, valutare, stimare
  einen Menschen schätzen — stimare una persona
  wie alt schätzen Sie ihn? — quanti anni gli da?
schauen — guardare, badare
  aus dem Fenster schauen — guardare dalla finestra
  um sich schauen — guardarsi attorno
  ich schaue auf die Kinder — bado ai bambini
der Scheck, -s — l'assegno
  einen Scheck ausstellen und einlösen — emettere e incassare un assegno
der Schein, -e — la luce, l'apparenza, lo scontrino
  die Geldscheine — le banconote
  den Schein retten — salvare l'apparenza
scheinen — splendere, sembrare, parere
  die Sonne scheint — il sole splende

es scheint mir richtig	mi sembra giusto
wie es scheint	a quanto pare
schenken	regalare, donare, dare
die Schere, -n	la forbice
schicken	inviare, mandare, spedire
schieben	spingere
schief	storto, inclinato, pendente
es geht mir alles schief	tutto mi va male
schießen	sparare, tirare
das Schiff, -e	la nave, la navata
mit dem Schiff fahren	andare con la nave
das linke Seitenschiff	la navata sinistra
das Schild, -er	l'insegna, la targa, il cartellino
das Nummernschild	la targa (dell'automobile)
schimpfen	sgridare, imprecare, inveire
schlafen	dormire
der Schlaf	il sonno
der Schlag, ¨-e	il colpo, la botta, il tocco dell'orologio
mit einem Schlag	d'un tratto, di colpo
schlagen	battere, picchiare
den Hund schlagen	bastonare il cane
mein Herz schlägt	mi batte il cuore
es schlägt zehn Uhr	suonano le dieci
schlecht	cattivo/male
schlechtes Wetter	tempo brutto
mir ist schlecht	mi sento male
schlecht gelaunt sein	essere di umore nero
schließen	chiudere, concludere
einen Vertrag schließen	concludere un contratto
schließlich	alla fine, in fondo
schließlich und endlich	in definitiva, in fin dei conti
schlimm	cattivo/male
das ist nicht so schlimm	non è così grave
ein schlimmes Ende nehmen	finire male, fare una brutta fine
nichts Schlimmes	niente di grave
das Schloß, ¨-sser	il castello, la serratura
die Tür hat ein neues Schloß	la porta ha una nuova serratura
dort steht ein altes Schloß	là c'è un vecchio castello
der Schluß, ¨-sse	la fine, la chiusura, la conclusione

ich bleibe bis zum Schluß — rimango fino alla fine
Schluß machen (mit) — farla finita (con)
Schluß! — basta!
Schlüsse ziehen — trarre delle conclusioni
zum Schluß — alla fine
das Schlußergebnis — il risultato finale
der Schlüssel, - — la chiave, la soluzione
das Schlüsselloch — il buco della serratura
schmal — stretto
schmecken — sentire, aver sapore, gustare
das schmeckt nach nichts — non sa di niente
ich lasse es mir schmecken — mangio con gusto
schmelzen — sciogliersi
das Eis schmilzt — il ghiaccio si scioglie
der Schmerz, -en — il dolore
vor Schmerz schreien — gridare dal dolore
Zahnschmerzen — mal di denti
schmutzig — sporco, sudicio
sich schmutzig machen — sporcarsi
der Schnee (kein Pl.) — la neve
schneiden — tagliare, affettare
sich in den Finger schneiden — farsi un taglio al dito
schnell — rapido/rapidamente, veloce, presto
(mache) schnell! — (fa) presto!
schon — già
schön — bello
schonen — risparmiare, non sciupare
die Schranke, -n — la sbarra, la barriera
die Schranken sind zu — le sbarre sono chiuse
der Schrecken — lo spavento, la paura, il terrore
einen Schrecken bekommen — spaventarsi
mit bloßem Schrecken davonkommen — cavarsela con uno spavento
schrecklich — terribile/terribilmente
schreiben — scrivere
ins reine schreiben — scrivere in bella (copia)
der Schreibtisch, -e — la scrivania
das Schreiben, - — lo scritto, la lettera
Ihr Schreiben vom 5. Juni — la Sua lettera del 5 giugno
das Rundschreiben — la circolare
schreien — gridare, urlare

die Schrift, -en — la scrittura, la grafia
 die Heilige Schrift — la Sacra Scrittura
 Schriftsprache — lingua scritta
 in Druckschrift — a stampatello
schriftlich — scritto, per iscritto
 die schriftliche Prüfung — la prova scritta
 nichts Schriftliches haben — non avere nulla di scritto
der Schriftsteller, - — lo scrittore
der Schritt, -e — il passo, l'andatura
 im Schritt fahren — procedere a passo d'uomo
 Schritt für Schritt — gradatamente, un po' alla volta
schüchtern — timido/timidamente
der Schuh, -e — la scarpa
die Schuld, -en — la colpa, il debito
 Schulden haben — avere debiti/un debito
 dich trifft keine Schuld — non ne hai colpa
schuldig — essere debitore, colpevole
 was bin ich schuldig? — quanto costa? quanto ti/Le devo?

die Schule, -n — la scuola
 schulfreier Tag — giorno di vacanza
der Schüler, - — lo scolaro, l'alunno, l'allievo
die Schülerin, -nen — la scolara, l'alunna, l'allieva
die Schulter, -n — la spalla
 er nimmt es auf die leichte Schulter — lo prende alla leggera

der Schuß, die Schüsse — il colpo, il tiro, lo sparo
 einen Schuß abgeben — sparare un colpo
der Schutz — la protezione, la tutela, la salvaguardia

der Schutzmann, "-er (-leute) — il vigile
schützen — proteggere, difendere, tutelare
 vor (gegen) Kälte schützen — proteggere dal freddo
schwach — debole, debolmente, esile
 schwache Augen haben — avere la vista debole
 eine schwache Gesundheit — una salute cagionevole
schwarz — nero, scuro
 etwas schwarz auf weiß besitzen — avere qualcosa per iscritto

 in Schwarz gehen — essere vestito di nero, portare il lutto

schweigen — tacere, fare silenzio

ganz zu schweigen von …	per non parlare di…
schwer	pesante, grave, difficile/difficilmente
eine schwere Arbeit	un lavoro pesante
ein schwerer Fehler	un errore grave
eine schwere Aufgabe	un compito difficile
eine schwere Strafe	una pena dura
die Schwester, -n	la sorella, la suora
schwierig	difficile/difficilmente
eine schwierige Frage	una questione difficile (spinosa)
die Schwierigkeit, -en	la difficoltà
die Sache hat ihre Schwierigkeiten	la cosa ha delle difficoltà
schwimmen	nuotare, galleggiare
das Schwimmbad	lo stabilimento balneare, la piscina
durch den Fluß schwimmen	attraversare il fiume a nuoto
der Schwindel	il capogiro, l'imbroglio
den Schwindel kenne ich	conosco questo trucco
schwitzen	sudare, accaldarsi
schwören	giurare
ich möchte schwören, ihn gesehen zu haben	giurerei di averlo visto
falsch schwören	giurare il falso
schwül	afoso
es ist schwül	c'è afa/aria pesante
der See, -n	il lago
der Kalterer See	il lago di Caldaro
die Seele, -n	l'anima
von ganzer Seele	di (tutto) cuore
sehen	vedere, guardare
ähnlich sehen	assomigliare
wir werden ja sehen	vedremo un po'
die Sehenswürdigkeiten	le attrattive, le bellezze (di una città)
sehr	molto, assai
er ist sehr groß	è molto grande
das gefällt mir sehr	mi piace assai
danke sehr!	tante grazie!
die Seife, -n	il sapone
sein	essere, esistere

(es) kann sein	può darsi, forse
muß das sein?	è proprio necessario?
wenn ich du wäre...	al tuo posto/se fossi te
seit (+ Dat.)	da
seit wann?	da quando?
seit langem	da tanto tempo
seit der Zeit, da...	dal tempo in cui...
die Seite, -n	la pagina, il fianco, il lato
das Buch hat tausend Seiten	il libro ha mille pagine
auf der rechten Seite	sul lato destro
an meiner Seite	di fianco a me
von seiner Seite ist nichts zu befürchten	da parte sua non c'è nulla da temere
der Sekretär, -e	il segretario
die Sekretärin, -nen	la segretaria
die Sekunde, -n	il secondo
selber / selbst	stesso, medesimo, perfino
selbst seine Freunde	perfino i suoi amici
das versteht sich von selbst	si capisce/è ovvio
selbstsicher	sicuro di sé
selbständig	indipendente, autonomo
er ist selbständig	è indipendente, lavora in proprio
selbstverständlich	naturale/naturalmente, ovvio
aber selbstverständlich!	ma certo! si capisce!
es ist selbstverständlich, daß...	è naturale che...
selten	raro/raramente
senden	inviare, spedire, trasmettere
die Firma sandte uns die Ware	la ditta ci ha spedito la merce
der Rundfunk sendete ein gutes Programm	la radio ha trasmesso un buon programma
(sich) setzen	sedersi, collocare, posare, mettere
ich setze mich	mi siedo
ich setze mich neben dich	mi siedo vicino a te
in Kenntnis setzen	mettere a conoscenza
außer Kraft setzen	abrogare
in Umlauf setzen	mettere in circolazione
sicher	sicuro/sicuramente
einer Sache sicher sein	essere sicuro di una cosa

die Sicherheit, -en	la sicurezza
der Sieg, -e	la vittoria
das Silber	l'argento
silbern, aus Silber	d'argento
singen	cantare
sinken	sprofondarsi, lasciarsi cadere, calare
auf die Knie sinken	cadere in ginocchio
der Sinn	il senso
das hat keinen Sinn	non ha senso
ganz in meinem Sinn	proprio come penso io
im Sinn haben	avere in mente, avere l'intenzione
die Situation, -nen	la situazione
der Sitz, -e	il posto, la sede, il sedile, il seggio
hundert Sitze im Parlament	cento seggi al parlamento
sitzen	stare (essere) seduto
bleiben Sie sitzen!	stia seduto!
so	così, in questo modo
so geht es nicht	così non va
so bald wie möglich	al più presto possibile
sobald	(non) appena
komm, sobald du kannst	vieni appena puoi
sofort / sogleich	subito, immediatamente
sogar	perfino, persino
er ist ihm sogar entgegengegangen	gli è addirittura andato incontro
solange	finché, fino allora
solange du liest, schreibe ich	finché leggi, io scrivo
bleibe, solange du kannst	rimani finché puoi
der Sohn, "-e	il figlio, il figliolo
der Soldat, -en	il soldato
sollen	dovere
was soll ich tun?	cosa devo fare?
er soll krank sein	si dice che sia ammalato
und das soll seine neue Arbeit sein?	e questo sarebbe il suo nuovo lavoro?
der Sommer	l'estate
im Sommer	d'estate, in estate
den Sommer über	durante l'estate
sonderbar	strano

sondern — ma, bensì, invece
  nicht nur . . ., sondern auch — non solo . . . ma anche
die Sonne, -n — il sole
  in die/der Sonne — al sole
sonst — altrimenti, se no
  komm jetzt, sonst gehe ich — su vieni, altrimenti me ne vado
  wer soll das sonst machen? — chi deve farlo altrimenti?
die Sorge, -n — la preoccupazione, il pensiero
  er macht sich Sorgen um seine Zukunft — si preoccupa del suo futuro
  machen Sie sich keine Sorgen! — non si preoccupi!
soviel — tanto
  soviel ich weiß — per quanto ne sappia io
  halb soviel genügt — basta la metà
  soviel Geld habe ich nicht — non ho così tanti soldi
sozial — sociale
  Sozialhilfe — assistenza sociale
  Sozialbeiträge — contributi sociali
sparen — risparmiare, fare economia, mettere da parte
die Sparkasse — la cassa di risparmio
das Sparbuch — il libretto di risparmio
der Spaß, "-e — la burla, lo scherzo
  zum Spaß — per scherzo
  das macht Spaß — è divertente
  viel Spaß! — buon divertimento!
  ein schlechter Spaß — uno scherzo di cattivo gusto
spät — tardivo, tardi
  wie spät ist es? — che ore sono?
  von früh bis spät — dalla mattina alla sera
spazieren(-gehen) — andare a passeggio
die Speise, -n — la vivanda, il cibo
  die Speisekarte — la carta, la lista delle vivande
der Spiegel, - — lo specchio
das Spiel, -e — il gioco
spielen — giocare, suonare
  ein Instrument spielen — suonare uno strumento
das Spielzeug — il giocattolo
die Spitze, -n — la punta, la vetta, il massimo
  an der Spitze liegen — essere in testa
der Sport — lo sport
  Sport treiben — praticare uno sport

der Sportplatz — il campo sportivo
der Sportler, - — lo sportivo
die Sprache, -n — la lingua, il linguaggio
  die Fremdsprache — la lingua straniera
  die Hochsprache — la lingua pura
  die Schriftsprache — la lingua scritta
sprechen — parlare, conversare, dire
  er spricht viel von seiner Reise — parla molto del suo viaggio
  über ihn ist viel gesprochen worden — si è parlato molto di lui
springen — saltare, balzare, fare un salto
der Staat, -en — lo stato
die Staatsbürgerschaft — la cittadinanza
die Stadt, "-e — la città
der Stand, "-e — la condizione, il livello
  der Standpunkt — il punto di vista
ständig — stabile, permanente
  ständiger Gast — ospite fisso
stark — forte, robusto, efficace
  stark besucht — molto frequentato
statt (+ Gen.) — invece di, in luogo di
  statt meiner — al posto mio
statt-finden — aver luogo
  das Konzert findet heute statt — il concerto ha luogo oggi
das Statut — lo statuto
  das Sonderstatut — lo statuto speciale
der Staub — la polvere
staunen — stupirsi, meravigliarsi
stechen — pungere, penetrare
stecken — infilare, mettere, essere conficcato
  in Brand stecken — appiccare fuoco
  wo steckt er? — dove si è cacciato?
stehen — stare (in piedi)
  er steht am Fenster — sta alla finestra
  stehen bleiben — fermarsi
  das Kleid steht dir gut — il vestito ti sta bene
stehlen — rubare, sottrarre
steigen — salire, montare
  auf den Berg steigen — salire sulla montagna
  in den Wagen steigen — montare in macchina

die Preise steigen	i prezzi aumentano
steil	ripido
der Stein, -e	la pietra, il sasso
aus Stein	di pietra
die Stelle, -n	il posto, il luogo, l'impiego
an Ihrer Stelle	al posto Suo
an Stelle von	in luogo di
er hat eine gute Stelle	ha un buon impiego
sich um eine Stelle bewerben	concorrere a un posto
sich nicht von der Stelle rühren	non muoversi
stellen	mettere, porre, collocare
auf den Tisch stellen	mettere sul tavolo
eine Frage stellen	porre una domanda
sich krank stellen	fingersi malato
der Stempel, -	il bollo
das Stempelpapier	la carta da bollo
die Stempelmarke	la marca da bollo
sterben	morire
er ist an einer schweren Krankheit gestorben	è morto di una grave malattia
im Sterben liegen	essere in punto di morte
der Stern, -e	la stella
stets	sempre, in ogni momento
die Steuer, -n	l'imposta, la tassa
das Steuer, -	il volante, il timone
die Stiege, -n	la scala (stretta)
still	tranquillo/tranquillamente, calmo, silenzioso
im stillen	in segreto
stillstehen	fermarsi, stare fermo
im Saal wurde es still	nella sala si fece silenzio
die Stimme, -n	la voce, il voto
seine Stimme abgeben	votare
sich der Stimme enthalten	astenersi dal voto
gültige und ungültige Stimmen	voti validi e nulli
stimmen	votare, dare il voto
das stimmt	è giusto
ich stimme für die Partei	voto per il partito
die Stimmung	stato d'animo
eine fröhliche Stimmung	un'atmosfera allegra
Stimmung machen	creare l'atmosfera

stinken — puzzare
der Stock, "-e — il bastone
  der Spazierstock — il bastone da passeggio
  der Stock/das Stockwerk — il piano (di una casa)
der Stoff, -e — la stoffa, la materia
stolz — orgoglioso, fiero, superbo
  ich bin stolz auf dich — sono fiero di te
stören — disturbare
  lassen Sie sich nicht stören! — non s'incomodi!
stoßen — colpire, urtare, gettare
  ich habe mich am Tisch gestoßen — ho urtato contro il tavolo
  ich bin auf ein Problem gestoßen — mi sono imbattuto in un problema
die Strafe, -n — la punizione, il castigo, la multa, la pena
  eine Geldstrafe zahlen — pagare una multa
strafen — punire, castigare
die Straße, -n — la strada, la via
  die Hauptstraße — la strada principale
  die Nebenstraße — la strada secondaria
  die Seitenstraße — la strada laterale
streben — aspirare, tendere
die Strecke, -n — il tratto, la distanza, il percorso
  ein Teil der Strecke — una parte del percorso
streichen — spalmare, pitturare, cancellare, girovagare
  streiche meinen Namen! — cancella il mio nome!
  eine Wand streichen — pitturare un muro
der Streik, -s — lo sciopero
  zum Streik aufrufen — lanciare l'appello allo sciopero
streiken — scioperare
der Streit — la lite, il diverbio
streiten — litigare
streng — severo/severamente
  strenge Bewachung — stretta sorveglianza
streuen — spargere
der Strom, "-e — il fiume, la corrente
  gegen den Strom schwimmen — andare contro corrente
  heute haben wir keinen Strom — oggi non abbiamo corrente
der Strumpf, "-e — la calza, il calzino
das Stück, -e — il pezzo

ein Stück Brot	un pezzo di pane
der Student, -en	lo studente
die Studentin, -nen	la studentessa
studieren	studiare
die Stufe, -en	il gradino, il grado
der Stuhl, "-e	la sedia
stumm	muto
die Stunde, -n	l'ora, la lezione
die Deutschstunde	la lezione di tedesco
stundenlang	per ore e ore
der Sturm, "-e	la tempesta, la bufera, l'assalto
(sich) stürzen	cadere, precipitar(si), gettar(si)
zu Boden stürzen	cadere a terra
suchen	cercare
Verkäuferin gesucht	cercasi commessa
der Süden	il sud, il meridione
nach Süden	verso (il) sud, al sud
in Süditalien	nel meridione (Italia)
in Südeuropa	nell'Europa meridionale
der Südtiroler	l'altoatesino, il sudtirolese
die Summe, -n	la somma, l'importo, l'ammontare
die Suppe	la minestra, la zuppa
süß	dolce
es schmeckt süß	è dolce (di sapore)
die Szene, -n	la scena, lo scenario
jemandem eine Szene machen	fare una scenata a qualcheduno

T

der Tabak	il tabacco
der Tag, -e	il giorno, la giornata
heute in acht Tagen	oggi otto
in 14 Tagen	fra quindici giorni
tagelang	per giorni
tagsüber	durante il giorno, in giornata
täglich	quotidiano, giornalmente
alltäglich	ogni giorno
die Tagung	la seduta, la riunione
das Tal, "-er	la valle, la vallata
über Berg und Tal wandern	andare per monti e per valli

tanken — rifornirsi di benzina
die Tankstelle, -n — il distributore di benzina
die Tante, -n — la zia
tanzen — ballare
die Tasche, -n — la borsa, la tasca
   die Handtasche — la borsetta
   die Manteltasche — la tasca del cappotto
die Tasse, -n — la tazza
die Tat, -en — l'azione, l'atto, il fatto
   in der Tat — in realtà, infatti
   etwas in die Tat umsetzen — mettere in opera, attuare
   eine strafbare Tat — un reato
die Tätigkeit, -en — l'attività
   außer Tätigkeit setzen — mettere fuori servizio
die Tatsache, -n — il fatto, la realtà
   vollendete Tatsache — fatto compiuto
   auf Grund dieser Tatsache — per questo fatto, in base a questo fatto
tatsächlich — infatti, realmente
   das ist tatsächlich vorgekommen — questo è realmente avvenuto
taub — sordo
   gegen alle Bitten taub sein — essere sordo a tutte le preghiere
die Taufe, -n — il battesimo
der Tausch — lo scambio, il cambio
   einen guten Tausch machen — fare un buon cambio
   die Rollen tauschen — scambiare le parti
(sich) täuschen — ingannar(si)
   wenn mich meine Augen nicht täuschen — se gli occhi non m'ingannano
die Technik — la tecnica
der Techniker, - — il tecnico, lo specialista
der Teil, -e — la parte
   zum Teil, teils — in parte
das Teil, -e — la parte
   das Ersatzteil — il pezzo di ricambio
   das Gegenteil — il contrario
teilen — dividere, spartire
   wir teilen uns in zwei Gruppen — ci dividiamo in due gruppi
   ich teile deine Ansicht — condivido la tua opinione
das Telefon — il telefono

die (Telefon-)Vermittlung	il centralino
das Telefonbuch	l'elenco telefonico, la guida telefonica
die Telefonzelle	la cabina telefonica
telefonieren	telefonare
das Telegramm, -e	il telegramma
der Teller, -	il piatto
teil-nehmen	prendere parte, partecipare
an einem Fest teilnehmen	partecipare a una festa
der Teilnehmer, -	il partecipante, il concorrente
der Termin, -e	il termine, la data, la scadenza
teuer	costoso, caro (di prezzo)
ein teures Auto	una macchina costosa
eine teure Erinnerung	un caro ricordo
der Text, -e	il testo
das Theater	il teatro
es ist immer dasselbe Theater	è sempre la stessa storia
das Thema, die Themen	il tema, il soggetto, l'argomento
ein Thema behandeln	trattare un soggetto
tief	profondo/profondamente
das Wasser ist fünf Meter tief	l'acqua è fonda cinque metri
das Tier, -e	l'animale, la bestia
der Tisch, -e	la tavola, il tavolo
den Tisch decken	apparecchiare la tavola
reinen Tisch machen	fare piazza pulita
der Titel, -	il titolo
die Tochter, "-	la figlia, la figliola
der Tod	la morte
plötzlicher Tod	morte improvvisa
das Tonband, "-er	il nastro magnetico
das Tonbandgerät	il magnetofono
der Ton, "-e	il tono, la tonalità
in scharfem Ton	con tono secco
das Tor, -e	la porta, il portone
tot	morto, defunto
der Tote	il morto
die Tour	il giro, il viaggio, il modo
in einer Tour	in continuazione
der Tourist, -en	il turista
tragen	portare, sopportare, rendere, vestire
die Folgen tragen	subire le consequenze

die Träne, -n — la lacrima
der Traum, ⸚-e — il sogno
traurig — triste/tristemente
der Transport, -e — il trasporto, la spedizione
treffen — colpire, trovarsi, incontrare
   das hat ihn tief getroffen — ciò lo ha colpito profondamente
   ich treffe ihn oft — lo incontro spesso
   eine Wahl treffen — fare una scelta
treiben — spingere, far girare, praticare
(sich) trennen — divider(si), separar(si)
die Treppe, -n — la scala
treten — pestare, camminare, calpestare
   in Erscheinung treten — apparire, manifestarsi
   in Kraft treten — entrare in vigore
treu — fedele, fedelmente
trinken — bere
das Trinkgeld — la mancia
trocken — secco, asciutto, arido
   trocken aufbewahren — conservare in luogo asciutto
der Tropfen, - — la goccia
   ein guter Tropfen — un buon vino
trösten — confortare, consolare
trotz (+ Gen./Dat.) — malgrado
   trotz des Regens — nonostante la pioggia
   trotz allem — malgrado tutto
trotzdem — nonostante, malgrado ciò, ciò nondimeno, ciò nonostante
   er tut es trotzdem — lo fa ugualmente/nonostante tutto
das Tuch, ⸚-er — il panno
   das Taschentuch — il fazzoletto (da naso)
   das Handtuch — l'asciugamano
tüchtig — buono, bravo, abile, capace
   ein tüchtiger Arzt — un medico capace
die Tugend, -en — la virtù
tun — fare, mettere
   er tut nur so — fa finta
   das tut ihm gut — gli fa bene
   was tust du denn? — ma cosa fai?
   zuviel (des Guten) tun — strafare
die Tür, -en — la porta

der Turm, "-e — la torre
   der Kirchturm — il campanile
turnen — fare ginnastica

U

übel — cattivo
   mir ist übel — mi sento male
   nicht übel — non c'è male
(sich) üben — esercitar(si)
   sich im Schwimmen üben — esercitarsi nel nuoto
   sein Gedächtnis üben — addestrare la memoria
   Kritik üben — fare critica
über (+ Dat./Akk.) — su, oltre, più di
   er geht über die Brücke — passa il ponte
   er spricht über seine Reise — parla del suo viaggio
   über hundert Personen — più di cento persone
   über die Grenze fahren — passare il confine
überall — dappertutto, ovunque
überfallen — aggredire, assalire
überhaupt — in genere, ma poi
   überhaupt nicht sprechen — non parlare affatto
   überhaupt nichts wissen — non sapere proprio niente
überholen — sorpassare, superare
   Überholen verboten! — vietato il sorpasso!
überleben — sopravvivere, vivere più a lungo
   eine Katastrophe überleben — sopravvivere a una catastrofe
überlegen — riflettere su, pensare a, considerare
   bei ruhiger Überlegung — pensandoci bene
übernehmen — assumere
   einen Auftrag übernehmen — assumere un incarico
überraschen — sorprendere
   überraschend — (in modo) sorprendente
   lassen wir uns überraschen — stiamo a vedere
die Überraschung, -en — la sorpresa
   er hat uns eine angenehme Überraschung bereitet — ci ha fatto una bella sorpresa
überreden — convincere, persuadere
   sich überreden lassen — farsi convincere

die Überschrift, -en	il titolo
übersetzen	tradurre
übersiedeln	trasferirsi
die Übersetzung, -en	la traduzione
übertragen	trasmettere, trascrivere, tradurre
übertreiben	esagerare, eccedere
er übertreibt mit der Arbeit	esagera con il lavoro
überweisen	rimettere, assegnare
überweisen Sie das Geld auf mein Konto!	giri il danaro sul mio conto!
überzeugen	convincere
ich bin überzeugt davon	ne sono convinto
üblich	usuale, consueto
wie üblich	come al solito
übrig	restante, rimanente
ein Stück ist übrig	è rimasto un pezzo
das Übrige weißt du schon	il resto lo sai già
übrigens	del resto, d'altronde
die Übung, -en	l'esercizio
ich habe keine Übung	non ho pratica
das Ufer, -	la riva, la sponda
die Uhr, -en	l'orologio, l'ora
meine Uhr geht vor/ geht nach	il mio orologio va avanti/ va indietro
wieviel Uhr ist es?	che ore sono?
um (+ Akk.)	intorno a, per
die Kinder laufen um das Haus herum	i bambini corrono intorno alla casa
um sechs (Uhr)	alle (ore) sei
um jeden Preis	a ogni costo
um ... zu	per... (+ infinito)
die Umgebung	i dintorni, i paraggi, la vicinanza
um-kommen	morire, perire
um-kehren	ritornare, tornare indietro
umgekehrt!	all'opposto!
die Umleitung, -en	la deviazione
umsonst	invano, per niente, inutilmente
er hat umsonst gerufen	ha chiamato invano
alles war umsonst	tutto fu inutile
der Eintritt war umsonst	l'ingresso era gratis
unangenehm	sgradevole, spiacevole
es ist mir sehr unangenehm	mi dispiace molto

unabhängig — indipendente
unbedeutend — irrilevante, insignificante
unbedingt — incondizionato, assolutamente, a tutti i costi
  er wollte es unbedingt — lo voleva a tutti i costi
unbekannt — sconosciuto, ignoto
und — e
  und doch — eppure
  und so weiter — eccetera, e così via
  und ob! — e come!
der Unfall, "-e — l'incidente, il sinistro
  ein Arbeitsunfall — un infortunio sul lavoro
ungefähr — approssimativo, (all'in)circa, press'a poco
  eine ungefähre Vorstellung — un'idea approssimativa
das Unglück, die Unglücksfälle — la disgrazia, la sfortuna
  es ist ein Unglück geschehen — è successo una disgrazia
  er hatte Unglück — è stato sfortunato
unglücklich — infelice, sfortunato
die Universität, -en — l'università
unmöglich — impossibile
das Unrecht — il torto, la colpa, l'errore
  zu Unrecht — a torto
unschuldig — innocente, puro
der Unsinn (kein Pl.) — l'assurdità
  das ist alles Unsinn — sono tutte stupidaggini
unten — sotto
  er wartet unten — aspetta di sotto
unter (+ Dat./Akk.) — sotto, tra, fra (tanti), in, a
  er liegt unter dem Baum — sta sotto l'albero
  unter meinen Zeitungen ist dein Buch — tra i miei giornali c'è il tuo libro
  unter uns gesagt — detto fra di noi
  unter dieser Bedingung — a questa condizione
unterbrechen — interrompere
(sich) unterhalten — divertir(si), intrattener(si)
die Unterhaltung — la conversazione, il divertimento
  gute Unterhaltung! — buon divertimento!
  eine Unterhaltung führen — sostenere una conversazione
die Unterkunft — l'alloggio
unternehmen — intraprendere
der Unterricht (kein Pl.) — l'insegnamento, l'istruzione

ich habe Unterricht	ho lezione
unterrichten	insegnare
(sich) unterscheiden	distinguer(si)
der Unterschied, -e	la differenza
zum Unterschied von	a differenza di
ohne Unterschied	senza fare differenza
unterschreiben	firmare, sottoscrivere
die Unterschrift, -en	la firma
untersuchen	esaminare, visitare, indagare
die Untersuchung, -en	l'esame, la visita, l'indagine
eine ärztliche Untersuchung	una visita medica
die Untersuchung des Falles	l'inchiesta sul caso
unzufrieden	insoddisfatto, scontento
die Unzufriedenheit	l'insoddisfazione
die Urkunde, -n	il documento
amtliche Urkunde	atto ufficiale
der Urlaub, -e	le ferie, le vacanze, la licenza
er ist auf Urlaub	è in ferie
er hat eine Woche Urlaub	ha una settimana di ferie
die Ursache, -n	la causa, la ragione, il motivo
das Urteil, -e	il giudizio, l'opinione

V

der Vater, "-	il padre, il babbo
vom Vater auf den Sohn	di padre in figlio
(sich) verabreden (mit)	concordare, pattuire
ich bin mit ihm verabredet	ho un appuntamento con lui
eine Verabredung, -en	un appuntamento
(sich) verabschieden	congedar(si), prendere congedo
wir haben uns von ihm verabschiedet	ci siamo congedati da lui
verachten	disprezzare
das ist nicht zu verachten	non è da disprezzare
(sich) verändern	cambiar(si), mutare, modificare
veranlassen (zu)	indurre (a), cagionare
die Veranstaltung, -en	la manifestazione
eine sportliche Veranstaltung	una manifestazione sportiva
die Verantwortung	la responsabilità
der Verband, "-e	la fasciatura, l'associazione
einen Verband anlegen	applicare una fasciatura

einen Verband gründen	fondare un'associazione
verbessern	correggere, rendere migliore, perfezionare
die Leistung verbessern	migliorare il rendimento
verbieten	proibire, vietare
verbinden	collegare, unire, fasciare
der Arzt verbindet die Wunde	il medico fascia la ferita
ich bin Ihnen sehr verbunden	Le sono molto grato
die Verbindung, -en	il collegamento
er setzt sich mit dir in Verbindung	si mette in contatto con te
das Verbot, -e	il divieto
verbrauchen	consumare
das Verbrechen, -	il delitto, il crimine
ein Verbrechen begehen	commettere un delitto
verbringen	passare, trascorrere
die Ferien am Meer verbringen	passare le vacanze al mare
verdienen	guadagnare, meritare
sein Brot verdienen	guadagnarsi il pane
er verdient diese Strafe nicht	non merita questa punizione
der Verdacht	il sospetto
verderben	guastarsi, rovinare
der Verdienst, -e	il guadagno
einen geringen Verdienst haben	avere un magro guadagno
das Verdienst, -e	il merito
es ist sein Verdienst, daß …	è per merito suo che …
der Verein, -e	l'associazione, il circolo
verein(ig)en	unire, riunire
vereinigt	unito, congiunto
verfassen	compilare, redigere
der Verfasser, -	l'autore
die Verfassung, -en	la compilazione, lo stato d'animo, la costituzione
die italienische Verfassung	la costituzione italiana
die Vergangenheit	il passato
in der Vergangenheit	nel passato
vergebens	invano
vergehen	passare
vergangenes Jahr	l'anno passato/scorso
die Lust dazu ist mir vergangen	me ne è passata la voglia

vergelten — rendere, contraccambiare
   Gutes mit Bösem vergelten — ripagare il bene con il male
   Vergelt's Gott! — Dio te ne renda merito!
vergessen — dimenticare
vergleichen — paragonare, confrontare
das Vergnügen — il piacere, il divertimento
   viel Vergnügen! — buon divertimento!
verhaften — arrestare
sich verhalten — comportarsi
   ich verhielt mich ruhig — rimasi zitto
   wie verhält man sich in diesem Fall? — come ci si comporta in questo caso?
das Verhältnis, -se — la relazione, la proporzione
   ein Verhältnis lösen — troncare una relazione
verheiratet — sposato, coniugato
verhindern — impedire, ostacolare
   verhindert sein — essere impedito
verkaufen — vendere
der Verkäufer, - — il commesso, il venditore
die Verkäuferin, -nen — la commessa
der Verkehr — il traffico, la circolazione; relazione, rapporto
   der Briefverkehr — la corrispondenza
   die 5-Lire-Münze ist aus dem Verkehr gezogen — è stata ritirata dalla circolazione la moneta da 5 lire
die Verkehrsampel, -n — il semaforo
die Verkehrszeichen — la segnaletica
verlangen — chiedere, pretendere, esigere
verlängern — allungare, prolungare
   einen Vertrag verlängern — rinnovare il contratto
verlassen — lasciare, abbandonare
   ich verlasse mich auf dich — conto su di te
(sich) verletzen — ferir(si), violare
   ich habe mich verletzt — mi sono ferito
   seine Pflichten verletzen — mancare ai propri doveri
die Verletzung, -en — la ferita, l'offesa
verlieren — perdere, smarrire
der Verlust — la perdita, lo smarrimento
   der Verlust der Eltern — la perdita dei genitori
   finanzielle Verluste — perdite finanziarie
vermieten — affittare, dare in affitto
   Zimmer zu vermieten — camere da affittare

das Vermögen	il patrimonio, la capacità
ein Vermögen erben	ereditare un patrimonio
nach meinem Vermögen	secondo le mie possibilità
vermuten	presumere, supporre
vernünftig	ragionevole, razionale
veröffentlichen	rendere noto, pubblicare
verrückt	pazzo
verrückt werden	impazzire
die Versammlung, -en	la riunione, l'assemblea
eine Versammlung abhalten	tenere una riunione
versäumen	perdere
ich habe den Anschluß versäumt	ho perso la coincidenza
die Pflichten versäumen	trascurare i doveri
verschieben	rimandare, rinviare, spostare
die Sitzung verschieben	rinviare la seduta
verschieden	diverso, differente
von Fall zu Fall verschieden	diverso da caso a caso
verschreiben	prescrivere
eine Kur verschreiben	prescrivere una cura
das Versehen	la svista
aus Versehen	per sbaglio/errore
(sich) versichern	assicurar(si)
Sie können dessen versichert sein	può starne sicuro
die Versicherung	l'assicurazione
eine Versicherung abschließen	contrarre un'assicurazione
sich verspäten	ritardare, fare tardi
die Verspätung, -en	il ritardo
versprechen	promettere
(sich) verständigen	informar(si), intendersi
das Verständnis	la comprensione
verstecken	nascondere, celare
verstehen	capire, comprendere, intendere
verstehen Sie Deutsch?	capisce (Lei) il tedesco?
ich habe falsch verstanden	ho capito male
das versteht sich von selbst	si capisce, è ovvio
der Versuch, -e	il tentativo
versuchen	tentare, provare, assaggiare
ich versuche es zum zweiten Mal	lo tento per la seconda volta
(sich) verteidigen	difender(si)

    den Titel verteidigen   difendere il titolo
verteilen   dividere, ripartire
    unter den Kindern verteilen   distribuire ai bambini
der Vertrag, "-e   il contratto, il trattato
    der Friedensvertrag   il trattato di pace
das Vertrauen   la fiducia
vertreten   rappresentare, sostituire
    ein Land vertreten   rappresentare un paese
    ich lasse mich vertreten   mi faccio sostituire
der Vertreter   il rappresentante
verurteilen   condannare
    wegen Diebstahls verurteilt   condannato per furto
die Verwaltung, -en   l'amministrazione
der/die Verwandte, -n   il/la parente
    verwandt   imparentato con, parente di
    mütterlicherseits verwandt sein   essere parenti da parte di madre
verwechseln   scambiare
verwirklichen   realizzare, attuare
    einen Plan verwirklichen   attuare un piano
das Verzeichnis, -se   l'elenco, l'indice
verzeihen   perdonare, scusare
    verzeihen Sie!   scusi!
die Verzeihung (kein Pl.)   il perdono, la scusa
    Verzeihung!   scusi, scusa!
    um Verzeihung bitten   chiedere scusa
verzichten   rinunciare
    auf einen Vorteil verzichten   rinunciare a un vantaggio
verzweifeln (an)   disperare, perdere la speranza
der Vetter, -n   il cugino
das Vieh   il bestiame, la bestia, l'animale
viel, viele   molto, molti
    er raucht viel   fuma molto
    ich habe viele Freunde   ho molti amici
vielleicht   forse
das Visum, die Visa (Visen)   il visto
der Vogel, "   l'uccello
das Volk, "-er   il popolo
volkstümlich   popolare, popolaresco
voll (von)   pieno (di), intero
    voll Wasser   pieno d'acqua
    die Aufgabe ist voller Fehler   il compito è pieno di errori

die volle Summe	la somma intera
völlig	completo/completamente, pieno/pienamente, del tutto
wir lassen dich völlig frei	ti lasciamo completamente libero
volljährig	maggiorenne
vollkommen	perfetto/perfettamente, compiuto
das genügt vollkommen	è perfettamente sufficiente
die Vollmacht, -en	la delega, la procura
eine Vollmacht erteilen	conferire una procura
von (+ Dat.)	da, di
er kommt vom Bahnhof	viene dalla stazione
von heute an	a partire da oggi, da oggi in poi
ich spreche von ihm	parlo di lui
er ist von uns gewählt worden	è stato eletto da noi
ich kenne ihn vom Sehen	lo conosco di vista
vor (+ Dat./Akk.)	davanti, prima, ... fa, da, di
vor der Zeit	prima del tempo
vor zehn Jahren	dieci anni fa
vor der Kälte schützen	proteggere dal freddo
vor Hunger sterben	morire di fame
voraus	avanti
geh voraus!	va avanti!
im voraus	in anticipo
voraus-setzen	presupporre
die Voraussicht, -en	la previsione
voraussichtlich	prevedibile, probabile
vorbei	passato, davanti
die Stunde ist vorbei	l'ora è passata
kommst du bei mir vorbei?	passi da me?
am Haus vorbeigehen	passare davanti alla casa
(sich) vor-bereiten (auf)	preparar(si) (a)
ich bereite mich auf die Prüfung vor	mi preparo all'esame
die Vorbereitung, -en	la preparazione
vor-beugen	prevenire
die Vorfahrt	la precedenza
die Vorfahrt beachten	dare la precedenza
der Vorfall, "-e	l'accaduto, l'avvenimento
der Vorgesetzte, -n	il principale, il superiore
vorher	prima

kurz vorher	poco prima
am Tage vorher	il giorno prima
vor-kommen	avvenire, accadere, parere
das kommt mir bekannt vor	mi pare di conoscerlo
dieses Wort kommt bei Goethe oft vor	questa parola ricorre spesso in Goethe
vorläufig	temporaneo, per ora, per il momento, provvisoriamente
vorläufig nicht	per il momento no
der Vormittag	la mattina, la mattinata
vormittags	di mattina
am Vormittag	nella mattinata
vorn(e)	davanti, innanzi, in testa
von vorn bis hinten	dall'inizio alla fine
von vorn beginnen	ricominciare da capo
der Vorrat, "-e	la provvista, le scorte
das Vorrecht, -e	il privilegio
der Vorschlag, "-e	la proposta
der Vorsatz, "-e	il proposito, il proponimento
vor-schlagen	proporre
die Vorschrift, -en	la prescrizione, la disposizione
die geltenden Vorschriften	le norme vigenti
vorsichtig	cauto, prudente/prudentemente
die Vorsicht	la prudenza
mit aller Vorsicht	con tutte le precauzioni (del caso)
(sich) vor-stellen	presentare, rappresentare, immaginarsi
ich habe mich noch nicht vorgestellt	non mi sono ancora presentato
ich stelle dir meine Mutter vor	ti presento mia madre
sich etwas vorstellen	immaginarsi qualcosa
die Vorstellung, -en	la rappresentazione
der Vorteil, -e	il vantaggio
zum Vorteil von	a vantaggio di
einen Vorteil ziehen (aus)	trarre vantaggio (da)
der Vortrag, "-e	la conferenza, la recita
einen Vortrag halten	tenere una conferenza
das Vorurteil, -e	il pregiudizio, il preconcetto
der Vorwand, "-e	il pretesto, la scusa
vorwärts	avanti
einen Schritt vorwärts	un passo avanti

    vorwärts!   avanti! coraggio!
der Vorwurf, "-e   il rimprovero

W

wach — sveglio, desto
    wach bleiben — rimanere sveglio
    wach werden — svegliarsi
wachsen — crescere, aumentare
die Waffe, -n — l'arma
der Wagen, - — la macchina, il carro, la vettura, la carrozza
die Wahl, -en — la scelta, l'elezione
    ich habe keine Wahl — non ho scelta
    zur Wahl gehen — andare alle urne
wählen — scegliere, eleggere
der Wähler, - — l'elettore
wahr — vero/veramente
während (+ Gen.) — durante, mentre
    während des Sommers — durante l'estate
    während du spazierengehst, arbeite ich — mentre tu vai a spasso, io lavoro
die Wahrheit, -en — la verità
wahrscheinlich — probabile/probabilmente
    es ist sehr wahrscheinlich — è molto probabile
der Wald, "-er — il bosco, la foresta
die Wand, "-e — la parete, il muro
    mit dem Kopf durch die Wand wollen — volere l'impossibile
die Ware, -n — la merce
    eine Ware führen — tenere una merce
warm — caldo
    es ist warm — fa caldo
die Wärme — il caldo, il calore
    zehn Grad Wärme — dieci gradi sopra zero
warten (auf) — aspettare, attendere
    ich warte auf dich — ti aspetto
warum — perché
    warum arbeitest du nicht? — perché non lavori?
    er fragt mich, warum ich nicht arbeite — mi domanda, perché non lavoro

was — che, che cosa
  was hast du? — che hai?
  ich weiß nicht, was er hat — non so cosa abbia
  was für ein schöner Tag! — che bella giornata!
die Wäsche (kein Pl.) — la biancheria, il bucato, il lavaggio
waschen — lavare
  ich wasche mich — mi lavo
  ich wasche mir die Hände — mi lavo le mani
das Wasser — l'acqua
  Trinkwasser — acqua potabile
wechseln — cambiare, alternare
  ein paar Worte wechseln — scambiare due parole
der Wechsel, - — il cambiamento, il cambio, la cambiale
  der Wechsel tut ihm gut — il cambiamento gli giova
  ein verfallener Wechsel — una cambiale scaduta
wecken — svegliare
weder ... noch — (non) nè ... nè
der Weg, -e — la strada, la via, il sentiero
  aus dem Weg gehen — evitare, scansare
  auf kürzestem Weg — nel più breve tempo possibile
  sich auf den Weg machen — incamminarsi
weg — via, sparito
  das Buch ist weg — il libro è sparito
  ich gehe weg — vado via
  wegbleiben — restare via, non venire
wegen (+ Gen.) — a causa di, per
  wegen des schlechten Wetters bin ich nicht gekommen — non sono venuto per il brutto tempo
weh — male
  der Kopf tut mir weh — ho mal di testa
(sich) wehren — impedire, difendersi
weich — tenero, soffice, dolce, morbido
Weihnachten — (il) Natale
  zu Weihnachten — a Natale
  frohe Weihnachten! — buon Natale!
weil — perché, poiché
  ich esse, weil ich Hunger habe — mangio, perché ho fame
der Wein, -e — il vino
weinen — piangere
  es ist zum Weinen — c'è da piangere

die Weise — il modo, la maniera, la melodia
  auf diese Weise — in questo modo
weiß — bianco
weit — lontano, distante, largo, ampio
  von weitem — da lontano
  es ist weit von hier — è lontano da qui
  das Kleid ist mir zu weit — il vestito mi è troppo largo
  das geht zu weit! — questo è troppo!
weiter — più lontano, oltre, più avanti
  und so weiter — eccetera, e così via
  nichts weiter — nient'altro
  weitergehen/weiterfahren — proseguire
  das ist weiter kein Unglück — non è poi una disgrazia
welcher, welche, welches — il/la quale, che, quale
  ich weiß nicht, welches Lied ihr kennt — non so quale canzone conoscete
  welches Buch möchtest du? — quale libro vorresti?
die Welt, -en — il mondo
  die halbe Welt — mezzo mondo
  alle Welt — tutto il mondo
  um nichts in der Welt — per nulla al mondo
  am Ende der Welt wohnen — abitare in capo al mondo
wenig — poco
  ein wenig Wasser — un po' d'acqua
  er hatte zuwenig Geld — aveva troppo poco denaro
  wenig Leute — poca gente
  es fehlte wenig, so … — ci mancò poco che…
wenigstens — almeno, per lo meno
  wenigstens schreiben hättest du können — avresti potuto almeno scrivere
  wenigstens zweimal — per lo meno due volte
wenn — se, quando
  wenn du kommst, gehen wir zusammen — se vieni, andiamo insieme
  wenn ich ins Büro gehe, sehe ich ihn immer — quando vado in ufficio, lo vedo sempre
  jedesmal wenn — ogni volta che
wer — chi?, chi
  wem gehört das Buch? — a chi appartiene il libro?
  ich weiß nicht, wem es gehört — non so a chi appartenga
  wer noch? — chi altri?
werden — diventare

es wird dunkel	si fa buio
werfen	gettare, buttare, scagliare
das Werk, -e	l'opera, il lavoro
ans Werk gehen	mettersi all'opera
die Werkstatt, "-en	l'officina
das Werkzeug, -e	l'attrezzo, l'utensile
der Wert, -e	il valore
wertvoll	prezioso, di valore
das Wesen	l'essenza, la sostanza
das Wesen der Dinge	la natura delle cose
er hat ein nettes Wesen	è gentile
das liegt in seinem Wesen	è nel suo carattere
der Westen (kein Pl.)	l'ovest, l'occidente
im Westen	all'ovest, a ponente
nach Westen	ad ovest
der Wettbewerb, -e	il concorso
einen Wettbewerb ausschreiben	indire un concorso
außer Wettbewerb	fuori concorrenza
wetten	scommettere
das Wetter, -	il tempo (meteorologico)
der Wetterbericht	il bollettino meteorologico
wichtig	importante
etwas wichtig nehmen	prendere sul serio
wie	come, in che modo
wie geht es Ihnen?	come sta (Lei)?
wie groß ist dein Haus?	quanto è grande la tua casa?
wie ich zurückkam, sah ich ihn	quando ritornai lo vidi
wieder	ancora una volta, di nuovo
immer wieder	sempre di nuovo
nie wieder	mai più
wiedersehen	rivedere
wiederholen	ripetere, replicare
wiederholt	ripetutamente
die Wiederholung, -en	la ripetizione, il ripasso
eine kurze Wiederholung	un breve ripasso
das Wiedersehen	l'incontro
auf Wiedersehen!	arrivederci, arrivederLa!
auf ein baldiges Wiedersehen!	arrivederci a presto!
die Wiese, -n	il prato
wieviel	quanto
wieviel kostet es?	quanto costa?

der Wille(n) — la volontà
willkommen — benvenuto
   ein willkommener Anlaß — un'occasione opportuna
der Wind, -e — il vento
der Winter — l'inverno
   mitten im Winter — nel cuore dell'inverno
wirklich — vero/veramente, reale/realmente
   der wirkliche Wert — il valore reale
   ist das wirklich so? — è veramente così?
wirksam — efficace/efficacemente
   ein wirksames Mittel — un mezzo efficace
die Wirklichkeit, -en — la realtà
   Wirklichkeit werden — avverarsi, diventare realtà
die Wirkung, -en — l'effetto
   die gewünschte Wirkung — l'effetto desiderato
der Wirt, -e — l'oste
die Wirtin, -nen — l'ostessa
die Wirtschaft — l'economia, il governo della casa
   die Wirtschaft eines Landes — l'economia di un paese
   die (Gast-)Wirtschaft an der Ecke — l'osteria all'angolo
wissen — sapere
   ich weiß die Adresse nicht mehr — non so più l'indirizzo
   er weiß genau, daß... — sa benissimo che...
   man kann nie wissen — non si sa mai
   ich will von ihm nichts wissen — non voglio saperne di lui
die Wissenschaft, -en — la scienza
der Wissenschaftler, - — lo scienzato
die Witwe, -n — la vedova
der Witwer, - — il vedovo
wo, woher, wohin — dove, da dove
   wo wohnst du? — dove abiti?
   woher kommst du? — da dove vieni?
   wohin gehst du? — dove vai?
die Woche, -n — la settimana
   das Wochenende — il fine settimana
wofür — per che cosa?
   wofür hältst du mich? — per chi mi prendi?
wohl — bene
   sich wohl fühlen — stare/sentirsi bene

leben Sie wohl! — stia bene!
wohnen — abitare, vivere
   ich wohne in der Goethestraße — abito in via Goethe
   ich wohne auf dem Lande — vivo in campagna
der Wohnsitz, -e — la residenza, il domicilio
   mit Wohnsitz in Bozen — con residenza a Bolzano
die Wohnung, -en — l'abitazione, l'appartamento
   eine Wohnung einrichten — arredare un appartamento
die Wolke, -n — la nuvola, la nube
   wolkenfreier Himmel — cielo senza nubi
die Wolle (kein Pl.) — la lana
   reine Wolle — lana pura
wollen — volere, pretendere
   lieber wollen — preferire
   er will es gesagt haben — pretende di averlo detto
womit — con che cosa, con che
   womit hast du das gereinigt? — con che cosa l'hai pulito?
woran — a (in, su) che cosa
   woran denkst du? — a che cosa pensi?
das Wort, -e — la parola
   mir fehlen die Worte — mi mancano le parole
   auf mein Wort — sulla mia parola
das Wort, ¨-er — il vocabolo
   mehrere Wörter sind falsch — diverse parole sono sbagliate
das Wörterbuch, ¨-er — il vocabolario, il dizionario
wozu — a (per) che cosa
die Wunde, -n — la ferita
das Wunder, - — il miracolo
wunderbar — meraviglioso, splendido
   eine wunderbare Reise — un viaggio stupendo
(sich) wundern (über) — meravigliarsi (di), meravigliare
   er wundert sich über alles — si meraviglia di tutto
   das wundert mich nicht — non mi sorprende
der Wunsch, ¨-e — il desiderio, l'augurio
   auf Wunsch — a richiesta
   die besten (Glück-)Wünsche — i migliori auguri
wünschen — augurare, desiderare
   alles Gute wünschen — fare gli auguri
   guten Morgen wünschen — dare il buon giorno
die Wurst, ¨-e — il salame, la salsiccia
die Wurzel, -n — la radice, la causa

Z

zahlen — pagare
  zahlen bitte! — il conto, per favore!
  bar zahlen — pagare in contanti
zählen — contare
  das zählt nicht — non conta
die Zahl, -en — il numero, la cifra
  die gesetzlich vorgeschriebene Zahl — il numero legale
der Zahn, ¨-e — il dente
der Zahnarzt — il dentista
  die Zähne zusammenbeißen — stringere i denti
die Zange, -n — la tenaglia, la morsa
das Zeichen, - — il segno, il segnale
  ein Zeichen dafür, daß ... — un segno che ...
zeichnen — disegnare, tracciare
die Zeichnung, -en — il disegno
zeigen — mostrare, far vedere, indicare
  sich von der besten Seite zeigen — mostrarsi dal lato migliore
die Zeit, -en — il tempo
  zur Zeit Karls des Großen — al tempo di Carlo Magno
  zur Zeit — attualmente
der Zeitvertreib — il passatempo
die Zeitung, -en — il giornale
  die Tageszeitung — il quotidiano
  die Wochenzeitung — il settimanale
die Zeitschrift, -en — la rivista, il periodico
das Zelt, -e — la tenda
zerstören — distruggere, devastare
der Zettel, - — il biglietto, il foglietto, il pezzo di carta

das Zeug — la roba, le cose
  bring das Zeug hier weg! — porta via questa roba!
  dummes Zeug reden — dire stupidaggini
der Zeuge, -n — il testimone, il testimonio
  als Zeuge aussagen — testimoniare, deporre
das Zeugnis, -sse — il certificato, la deposizione, la pagella
  ein ärztliches Zeugnis — un certificato medico
  ein falsches Zeugnis ablegen — testimoniare il falso

ziehen — tirare, levare, andare
  ich habe mir einen Zahn ziehen lassen — mi sono fatto togliere un dente
  ich ziehe in die Stadt — mi trasferisco in città
  es zieht — c'è corrente
das Ziel, -e — la meta, il bersaglio, la mira
  sich ein Ziel setzen — prefiggersi uno scopo
ziemlich — alquanto, abbastanza
  ziemlich gut — abbastanza bene/buono
  ich war so ziemlich überall — sono stato un po' dappertutto
die Ziffer, -n — la cifra, il numero
  in Ziffern — in cifre
die Zigarette, -n — la sigaretta
  ein Päckchen Zigaretten — un pacchetto di sigarette
  eine Zigarette mit Filter — una sigaretta con filtro
das Zimmer — la camera, la stanza
  das Zimmer machen — rifare la stanza
  das Zimmermädchen — la cameriera
  das Wohnzimmer — la stanza di soggiorno
zivil — civile
  in Zivil — in borghese
zögern — esitare, indugiare
der Zoll — la dogana
das Zollamt — la dogana, l'ufficio doganale
  zollpflichtig — soggetto a dogana
  zollfrei — esente da dogana
  haben Sie etwas zu verzollen? — ha qualcosa da dichiarare?
zornig — adirato, arrabbiato
  zornig sein — essere in collera
der Zorn — la collera
  einen Zorn haben (auf) — essere arrabbiato (con)
zu — chiuso, da, troppo, di/da
  die Tür ist zu — la porta è chiusa
  ich komme zu dir — vengo da te
  er ist zu langsam — è troppo lento
  er hat die Aufgabe, einen Brief zu schreiben — ha il compito di scrivere una lettera
  von Zeit zu Zeit — ogni tanto
der Zucker — lo zucchero
zuerst — prima, dapprima
  ich komme zuerst — tocca prima a me, sono il primo

    zuerst unterhielt er sich, dann langweilte er sich — dapprima si è divertito, poi si è annoiato

zufällig — per caso, per combinazione
    rein zufällig — per puro caso

zufrieden — contento, soddisfatto
    ich bin mit meiner Lage zufrieden — sono contento della mia situazione

der Zug, "-e — il treno
    der Festzug — il corteo
    der Schnellzug — il diretto
    der Personenzug — l'accelerato
    der Güterzug — il treno merci
    er trinkt alles in einem Zug — beve tutto in una volta, in un sorso

zu-hören — ascoltare
    hör mir gut zu! — ascoltami bene! stammi bene a sentire!

die Zukunft — il futuro
    in naher Zukunft — in un prossimo futuro
    zukünftig — in futuro, in avvenire

zu-lassen — lasciar chiuso, ammettere, tollerare
    die Schachtel zulassen — lasciare chiusa la scatola
    zur Prüfung zulassen — ammettere all'esame
    das kann ich nicht zulassen — non lo posso permettere

zuletzt — per ultimo, infine
    er kommt zuletzt — arriva per ultimo
    zuletzt freute er sich — infine si rallegrò

zu-machen — chiudere
    Kleider zumachen — abbottonare

die Zunge, -n — la lingua
    eine böse Zunge — una mala lingua

zurück — indietro, di ritorno
    er ist noch nicht zurück — non è ancora ritornato
    weit zurück — molto indietro

zurück-halten — trattenere, frenare
    zurückhaltend — riservato

zusammen — insieme, con
    mit ihm zusammen — insieme a lui
    zusammen abreisen — partire insieme, contemporaneamente

der Zusammenhang, "-e — la connessione, il nesso, il contesto, la relazione

in Zusammenhang bringen	mettere in relazione, collegare
ohne Zusammenhang reden	parlare in modo incoerente

der Zuschauer, - — lo spettatore
zu-schauen — stare a guardare
der Zuschlag, "-e — il supplemento, il premio
   eine Zuschlagkarte — (un biglietto di) supplemento
der Zustand, "-e — lo stato, la condizione
   gesundheitlicher Zustand — stato di salute
die Zustimmung, -en — l'assenso, l'approvazione
   du hast meine Zustimmung — hai il mio assenso
zuviel — troppo
   du hast zuviel gegessen — hai mangiato troppo
   besser zuviel als zuwenig — meglio troppo che troppo poco
zwar — cioè, precisamente
   und zwar — e cioè
der Zweck — lo scopo, il fine
   zu welchem Zweck? — a quale scopo?
der Zweifel, - — il dubbio, l'incertezza
   Zweifel haben — nutrire dubbi
   in (im) Zweifel sein — avere dubbi
   ohne Zweifel — senza dubbio
   im Zweifelsfall — in caso di dubbio
   in Zweifel ziehen — mettere in dubbio
zweifeln — dubitare
   daran ist nicht zu zweifeln — è fuor di dubbio
der Zweig, -e — il ramo, la branca
   eine Zweigstelle — una filiale
zwischen (+ Dat./Akk.) — fra, tra
   zwischen dir und mir ist ein großer Unterschied — fra me e te c'è una grande differenza
   lege das Heft zwischen die zwei Zeitungen! — metti il quaderno tra i due giornali!

MONATE	**MESI**
Jänner (Januar)	gennaio
Februar (Feber)	febbraio
März	marzo
April	aprile
Mai	maggio
Juni	giugno
Juli	luglio
August	agosto
September	settembre
Oktober	ottobre
November	novembre
Dezember	dicembre

WOCHENTAGE	**GIORNI DELLA SETTIMANA**
Montag	lunedì
Dienstag	martedì
Mittwoch	mercoledì
Donnerstag	giovedì
Freitag	venerdì
Samstag	sabato
Sonntag	domenica

MASSE UND GEWICHTE

Deutsch			Italiano
ein Meter	1	m	un metro
zwei Meter	2	m	due metri
ein Zentimeter	1	cm	un centimetro
ein Kilometer	1	km	un chilometro
zweihundert Kilometer	200	km	duecento chilometri
ein Meter fünfzig	1,50	m	un metro e cinquanta
ein Grad unter Null (minus)	—1°		un grado sotto zero
vier Grad über Null (plus)	+4°		quattro gradi sopra zero
hundert Gramm, zehn Deka	100	g	cento grammi, un etto
ein Kilo(gramm)	1	kg	un chilo(grammo)
ein Liter	1	l	un litro
zwei Liter	2	l	due litri
ein Prozent	1%		uno per cento
ein Doppelzentner	1	q	un quintale
halb	½		mezzo
ein Drittel	⅓		un terzo
ein Viertel	¼		un quarto
anderthalb	1½		uno e mezzo

MISURE E PESI

DATUM

1. 10. 1976
(der erste Oktober 1976)
2. 10. 1976
(der zweite Oktober 1976)
3. 10. 1976
(der dritte Oktober 1976)
Heute ist der erste Oktober.
Heute ist der zweite Oktober.

DATA

1-10-1976
(il primo ottobre 1976)
2-10-1976
(il due ottobre 1976)
3-10-1976
(il tre ottobre 1976)
Oggi è il primo ottobre.
Oggi è il due ottobre.

KARDINALZAHLEN / NUMERI CARDINALI

0	null, die Null	(lo) zero
1	eins	uno
2	zwei	due
3	drei	tre
4	vier	quattro
5	fünf	cinque
6	sechs	sei
7	sieben	sette
8	acht	otto
9	neun	nove
10	zehn	dieci
11	elf	undici
12	zwölf	dodici
13	dreizehn	tredici
14	vierzehn	quattordici
15	fünfzehn	quindici
16	sechzehn	sedici
17	siebzehn	diciasette
18	achtzehn	diciotto
19	neunzehn	diciannove
20	zwanzig	venti
21	einundzwanzig	ventuno
30	dreißig	trenta
40	vierzig	quaranta
50	fünfzig	cinquanta
60	sechzig	sessanta
70	siebzig	settanta
80	achtzig	ottanta
90	neunzig	novanta
100	hundert	cento
101	hundert (und) eins	cento e uno
200	zweihundert	duecento
1000	(ein-)tausend	mille
2000	zweitausend	duemila
eine	Million	un milione
eine	Milliarde	un miliardo

ORDNUNGSZAHLEN	**NUMERI ORDINALI**
der erste	il primo
der zweite	il secondo
der dritte	il terzo
der vierte	il quarto
der fünfte	il quinto
der sechste	il sesto
der siebte	il settimo
der achte	l'ottavo
der neunte	il nono
der zehnte	il decimo
der elfte	l'undicesimo
der zwölfte	il dodicesimo
der dreizehnte	il tredicesimo
der vierzehnte	il quattordicesimo
der fünfzehnte	il quindicesimo
der sechzehnte	il sedicesimo
der siebzehnte	il diciassettesimo
der achtzehnte	il diciottesimo
der neunzehnte	il diciannovesimo
der zwanzigste	il ventesimo
der einundzwanzigste	il ventunesimo
der dreißigste	il trentesimo
der vierzigste	il quarantesimo
der fünfzigste	il cinquantesimo
der sechzigste	il sessantesimo
der siebzigste	il settantesimo
der achtzigste	l'ottantesimo
der neunzigste	il novantesimo
der hundertste	il centesimo
der zweihundertste	il duecentesimo
der tausendste	il millesimo

DIE KONTINENTE	**I CONTINENTI**
Afrika	l'Africa
Amerika	l'Amerika
Asien	l'Asia
Australien	l'Australia
Europa	l'Europa

DIE LÄNDER EUROPAS	**GLI STATI D'EUROPA**
Albanien	l'Albania
Österreich	l'Austria
Belgien	il Belgio
Tschechoslowakei	la Cecoslovacchia
Dänemark	la Danimarca
Finnland	la Finlandia
Frankreich	la Francia
Deutschland	la Germania
Griechenland	la Grecia
England	l'Inghilterra
Irland	l'Irlanda
Island	l'Islanda
Italien	l'Italia
Jugoslawien	la Jugoslavia
Lichtenstein	il Lichtenstein
Luxemburg	il Lussemburgo
Norwegen	la Norvegia
(Holland)	(l'Olanda)
(die) Niederlande	i Paesi Bassi
Portugal	il Portogallo
Rumänien	la Romania
Rußland	la Russia
Spanien	la Spagna
Schweden	la Svezia
(die) Schweiz	la Svizzera
Ungarn	l'Ungheria

Grundwortschatz
der italienischen Umgangssprache
für die gehobene und höhere Laufbahn

A

a   in, auf, an, bei, bis, mit, nach, um, zu
- a Merano — in/nach Meran
- a casa — zu/nach Hause
- alla finestra — am/ans Fenster
- alle tre — um 3 Uhr
- a domani! — bis morgen!
- a dieci anni — mit zehn Jahren

abbandonare — verlassen
- abbandonare un'idea — einen Gedanken aufgeben

abbassare — niedriger machen/stellen/legen/setzen
- abbassare la voce — leiser reden
- abbassare gli occhi — die Augen niederschlagen
- abbassare il prezzo — den Preis herabsetzen

abbastanza — ziemlich, genug
- abbastanza grande — ziemlich groß
- ne ho abbastanza — ich habe genug (davon)

abbattere — niederschlagen, fällen (Baum)

abbisognare — nötig sein

abile — geschickt

l'abitante — der Einwohner

abitare — wohnen, bewohnen

l'abitazione — die Wohnung

l'abito — das Kleid, der Anzug

abituar(si) (a) — (sich) gewöhnen (an)

l'abitudine — die Gewohnheit
- per abitudine — aus Gewohnheit

abolire — abschaffen
- abolire una legge — ein Gesetz aufheben

l'abuso — der Mißbrauch
- fare abuso — mißbrauchen

accadere — geschehen, vorkommen
- che accade? — was ist denn los?
- accade che ... — es geschieht, daß...

accanto — neben, nebenan, daneben
- accanto a te — neben dir/dich
- abito qui accanto — ich wohne nebenan

accender(si) — anzünden (Feuer), sich entzünden, einschalten (Radio)

accertare — vergewissern, feststellen
  accertato — bestätigt, festgestellt
accettare — annehmen, aufnehmen
  accettare all'ospedale — ins Krankenhaus aufnehmen
accogliere — aufnehmen, empfangen, genehmigen

accomodarsi — Platz nehmen
  si accomodi, prego! — bitte, nehmen Sie Platz!
accompagnare — begleiten
accontentare — zufriedenstellen, befriedigen
  bisogna accontentarsi — man muß zufrieden sein
accordare — bewilligen, gewähren, übereinstimmen
  accordato — genehmigt
l'accordo — das Abkommen, das Einverständnis
  d'accordo! — einverstanden!
  essere d'accordo — einverstanden sein
  di comune accordo — im Einvernehmen
  mettersi d'accordo — sich einigen
accorgersi — bemerken, merken
  me ne sono accorto — ich habe es bemerkt
l'accusa — die Klage, die Anklage
accusare — (an)klagen, Anklage erheben, beschuldigen
  accusare ricevuta — den Empfang bestätigen
  accusare un dolore — über einen Schmerz klagen
  accusare noie al motore — Motorschaden haben
l'acqua — das Wasser
  acqua potabile — Trinkwasser
acquistare — erwerben, kaufen, sich verschaffen

adagio — langsam
  fate adagio! — langsam!
adattar(si) — (sich) anpassen, passen (zu)
adatto — geeignet, passend, angemessen
addio! — lebe wohl! adieu! auf Wiedersehen!

addirittura — sogar
addormentarsi — einschlafen
adesso — jetzt, nun
  da adesso in poi — von nun an

adoperare — brauchen, gebrauchen, benutzen
   che cosa adopera? — was brauchen Sie?
   per disegnare adopero una matita — zum Zeichnen gebrauche ich einen Bleistift
adulto — erwachsen
   gli adulti — die Erwachsenen
l'aereo/l'aeroplano — das Flugzeug
l'aeroporto — der Flughafen, der Flugplatz
affatto — durchaus
   niente affatto — durchaus nicht, gar nicht, keinesfalls
l'affare — das Geschäft, die Sache
   uomo d'affari — der Geschäftsmann
   non è affar mio — das ist nicht meine Sache
   un brutto affare — eine schlimme Geschichte
affermare — behaupten
afferrare — packen, ergreifen, begreifen
   afferrare per la mano — bei der Hand ergreifen
   non ho afferrato bene — ich habe nicht gut verstanden
l'affetto — die Zuneigung, die Liebe
   affettuoso — lieb, liebevoll
affinché — damit
   affinché possa venire — damit er kommen kann
affittare — mieten, vermieten
l'affitto — die Miete
   dare in affitto — vermieten
   prendere in affitto — mieten
affogare — ertrinken
affrettarsi — sich beeilen
afoso — schwül
   non affrettarti tanto! — laß dir Zeit!
l'agente — der Agent
   l'agente di polizia — der Polizeibeamte
l'agenzia — das Büro, die Vertretung
   agenzia viaggi — das Reisebüro
   agenzia di assicurazioni — die Versicherungsagentur
aggiungere — hinzufügen, -schreiben, -rechnen, -stellen
aggredire — überfallen, angreifen
l'agio — die Bequemlichkeit
   mi sento a mio agio — ich fühle mich wohl
   mettersi a proprio agio — es sich bequem machen

agire
    questa medicina agisce subito
agitare
    perché ti agiti?
l'agitazione
l'agricoltore
l'agricoltura
ah! ahi!
aiutare
    aiuto volentieri il mio amico
    in questo lavoro
    mi ha aiutato a portare la
    valigia
l'aiuto
    correre in aiuto
    aiuto!
l'albergo
l'albero
    l'albero di Natale
alcuni
l'alimento
    generi·alimentari
allegare
    qui allegato
allegro/allegramente
allevare
    si allevano cavalli
    un bambino allevato male
allontanar(si)
allora
    allora andiamo!
    allora ero giovane
    allora, facciamo presto

allorché

almeno
    costa almeno duemila lire

l'altare
    l'altare maggiore
l'altezza
    l'altezza dell'acqua

handeln, tun
    diese Medizin wirkt sofort
aufregen, erregen
    warum regst du dich auf?
die Aufregung
der Bauer, der Landmann
die Landwirtschaft, der Ackerbau
ach!
helfen
    ich helfe meinem Freund gern
    bei dieser Arbeit
    er hat mir den Koffer tragen
    helfen
die Hilfe
    zu Hilfe eilen
    Hilfe!
das Gasthaus, das Hotel
der Baum
    der Christbaum
einige
die Nahrung
    Nahrungsmittel
beilegen
    hier beiliegend, anbei
lustig
aufziehen, züchten
    man züchtet Pferde
    ein verzogenes Kind
(sich) entfernen
dann, damals, also
    dann gehen wir!
    damals war ich jung
    also, machen wir schnell

als

wenigstens, mindestens
    es kostet wenigstens zweitau-
    send Lire

der Altar
    der Hochaltar
die Höhe
    der Wasserstand

    il paese è a mille metri d'altezza
        das Dorf liegt tausend Meter hoch
alto
        hoch
    quanto è alto il Catinaccio?
        wie hoch ist der Rosengarten?
    questo bambino è alto
        dieses Kind ist groß
l'altoatesino
        der Südtiroler
altrettanto
        ebenfalls, gleichfalls
    grazie, altrettanto!
        danke, ebenfalls!
altrimenti
        sonst
altro
        anderer, andere, anderes
    questo è un'altra cosa!
        das ist etwas anderes!
    altro che!
        und wie!
    senz'altro
        ohne weiteres
alzare
        aufheben, erhöhen
    alzare un muro
        eine Mauer errichten
alzarsi
        aufstehen, aufgehen
    alzati!
        steh auf!
    alle 5 sono già alzato
        um 5 Uhr bin ich schon auf
    la nebbia si alza
        der Nebel steigt auf
    il sole si alza tardi
        die Sonne geht spät auf
amare
        lieben, lieb (gern) haben
    amo i bambini
        ich habe Kinder gern
amaro
        bitter
l'ambiente
        die Umwelt, das Milieu
    in che ambiente vivi?
        in welcher Umgebung lebst du?
l'ambulanza
        der Krankenwagen
l'amicizia
        die Freundschaft
    per amicizia verso di lui
        aus Freundschaft zu ihm
    avere amicizia con qualcuno
        mit jemandem befreundet sein
    fare amicizia
        Freundschaft schließen
l'amica
        die Freundin
l'amico
        der Freund
    un mio amico
        ein Freund von mir
    da amico
        als Freund
ammalarsi
        krank werden, erkranken
ammalato
        krank
ammettere
        zulassen, annehmen
    ammesso all'esame
        zur Prüfung zugelassen
    ammesso che
        angenommen, daß
    ammettere il proprio errore
        den eigenen Fehler zugeben
l'amministrazione
        die Verwaltung

ammirare	bewundern
l'amore	die Liebe
per amore	aus Liebe
amor proprio	der Ehrgeiz
per amor tuo	deinetwillen
l'anagrafe (ufficio dell'anagrafe)	das Meldeamt
anche	auch, ebenfalls
neanche	auch nicht
ancora	noch
non ancora	noch nicht
andare	gehen, fahren
vado a piedi	ich gehe zu Fuß
vado col treno	ich fahre mit dem Zug
come va?	wie geht's?
va bene, grazie!	schon gut, danke!
se ne va	er geht fort
andare a prendere	holen, abholen
andarsene	fortgehen, weggehen
vattene!	geh weg!
l'andata	die Hinfahrt
all'andata	bei der Hinfahrt
l'anello	der Ring
l'angolo	die Ecke, der Winkel
all'angolo della strada	an der (Straßen-) Ecke
voltare all'angolo della strada	um die Ecke biegen
l'anima	die Seele
non c'era anima viva	es war niemand da
l'animale	das Tier
l'animale domestico	das Haustier
l'animo	das Gemüt
non avere l'animo di fare qualcosa	nicht den Mut haben, etwas zu tun
avere in animo	vorhaben
stato d'animo	Seelenzustand
l'anno	das Jahr
nell'anno 1977	im Jahr 1977
tre volte all'anno	dreimal im Jahr
un anno fa	vor einem Jahr
da un anno	seit einem Jahr
quest'anno	heuer
a dieci anni	mit zehn Jahren
buon anno!	prosit Neujahr!

annoiar(si)	(sich) langweilen
annotare	aufschreiben, notieren, eintragen
annunciare	ankündigen, anmelden
chi posso annunciare?	wen darf ich anmelden?
l'annuncio	die Meldung, die Anzeige, das Inserat
all'annuncio del tuo arrivo	bei der Nachricht von deiner Ankunft
antico/anticamente	alt, in alter Zeit
anzi	vielmehr, ja
anziano	alt, älter
un uomo anziano	ein alter Mann
gli anziani	die alten Leute
aperto	offen
all'aria aperta	im Freien
libro aperto	aufgeschlagenes Buch
l'apparecchio, gli apparecchi	der Apparat
è Lei all'apparecchio?	sind Sie am Apparat?
l'apparecchio radio	der Radioapparat
l'apparenza	das Aussehen, der Schein
dall'apparenza	nach dem Schein
salvare le apparenze	den Schein wahren
apparire	erscheinen, sich zeigen
appare stanco	er scheint müde zu sein
l'appartamento	die Wohnung
appartamento d'affitto	Mietwohnung
appartamento ammobiliato	möblierte Wohnung
appartenere	gehören
questo non mi appartiene	das gehört nicht mir
appena	erst, kaum
sono appena le sei	es ist erst sechs Uhr
sa appena leggere	er kann kaum lesen
non appena	sobald
appendere	aufhängen
appesi il mantello alla parete	ich hänge den Mantel an die Wand
l'appetito	der Appetit
buon appetito!	guten Appetit!
apposta	absichtlich
non l'ho fatto apposta	ich habe es nicht absichtlich getan
apprendere	lernen, erfahren

apprende bene	er lernt gut
che cosa hai appreso?	was hast du erfahren?
l'apprendista	der Lehrling, der Lehrbursche
approfittare (di)	ausnützen
approfitto del bel tempo	ich nütze das schöne Wetter aus
l'appuntamento	die Verabredung, das Treffen
darsi l'appuntamento	sich verabreden
luogo d'appuntamento	Treffpunkt
appunto	eben, gerade
per l'appunto!	gewiß!
appunto per questo	eben, deswegen
appunto Lei!	gerade Sie!
aprire	öffnen, aufmachen
non apre bocca	er sagt kein Wort
aprire la radio	das Radio anstellen
l'argento	das Silber
d'argento	aus Silber, silbern
l'argomento	das Thema, das Argument
restare in argomento	beim Thema bleiben
l'aria	die Luft
all'aria aperta	im Freien/ins Freie
l'arma, le armi	die Waffe
arma aeronautica	Luftwaffe
arrabbiarsi	sich ärgern, zornig werden
non arrabbiarti!	ärgere dich nicht!
arrabbiato	zornig
arrestare	anhalten, verhaften
arrivare	ankommen
dove sei arrivato nel lavoro?	wie weit bist du mit der Arbeit gekommen?
arrivederci!	auf Wiedersehen!
l'arrivo	die Ankunft
al tuo arrivo	bei deiner Ankunft
arrossire	rot werden
l'arte	die Kunst
l'articolo	der Artikel, die Ware
articoli da uomo	Herrenartikel
artificiale/artificialmente	künstlich, synthetisch
materiale artificiale	Kunststoff
l'artigiano	der Handwerker
l'artista	der Künstler, die Künstlerin

asciugar(si)	(ab)trocknen, trocken werden
l'asciugamano	das Handtuch
asciutto	trocken
ascoltare	zuhören
ascolti un po'!	hören Sie einmal zu!
aspettare	warten (auf), erwarten
egli aspetta il suo amico	er wartet auf seinen Freund
era da aspettarselo	das war vorauszusehen
l'aspetto	das Aussehen
ha un bell'aspetto	er schaut gut aus
sotto questo aspetto	unter diesem Gesichtspunkt
assaggiare	kosten
assai	viel, sehr
l'assegno	der Scheck
assegno circolare	Zirkularscheck
assente	abwesend
chi è assente?	wer fehlt?
assicurar(si)	(sich) versichern, sich vergewissern
l'assicurazione	die Versicherung
assistere	helfen, beistehen
l'associazione	der Verband
associazione operaia	Arbeiterverband
assoluto/assolutamente	unbedingt, absolut
assumere	aufnehmen, übernehmen, antreten
chi assume la responsabilità?	wer übernimmt die Verantwortung?
attaccare	anhängen, angreifen, annähen, ankleben
attento/attentamente	aufmerksam
l'attesa	das Warten, die Erwartung
in attesa della Sua lettera	in Erwartung Ihres Schreibens
sala d'attesa	Wartesaal
l'attenzione	die Aufmerksamkeit, die Achtung
attenzione al cane!	Achtung auf den Hund!
fare attenzione	achtgeben
l'attività	die Tätigkeit
che attività svolge?	welchen Beruf hat er?
l'atto	die Tat, die Urkunde, die Akte
atto di nascita	Geburtsurkunde
dare atto di qualcosa	etwas bestätigen

all'atto pratico	in der Praxis
attraversare	durchqueren, -fahren
attraversa la piazza, il ponte	er geht über den Platz, die Brücke
attraversa tutta l'Italia	er fährt durch ganz Italien
attraverso	durch, über
attraverso l'Austria	durch Österreich
l'attrezzo	das Gerät, das Werkzeug
attrezzi da giardino	Gartengeräte
attuale/attualmente	gegenwärtig, aktuell
augurar(si)	(sich) wünschen
ti auguro tante belle cose	ich wünsche dir alles Gute
mi auguro di rivederti	ich hoffe, dich wiederzusehen
l'augurio, gli auguri	der Glückwunsch
tanti auguri!	alles Gute!
gli feci gli auguri per il suo compleanno	ich gratulierte ihm zum Geburtstag
aumentare	zunehmen, erhöhen, steigen (Preise)
l'aumento	die Erhöhung, die Vergrößerung, die Zunahme
aumento di stipendio	Gehaltserhöhung
aumento di temperatura	Temperaturanstieg
autenticare	beglaubigen
copia autentica	beglaubigte Abschrift
l'autista, gli autisti	der Fahrer, der Chauffeur
l'(auto)bus	der (Auto-)Bus
l'autocarro (= il camion)	das Lastauto, der Lastkraftwagen (LKW)
l'auto(mobile), le auto(mobili)	das Auto, der Wagen
l'autonomia	die Autonomie
l'autore	der Verfasser, der Schriftsteller
l'autorità	die Behörde, die Autorität
le autorità	die Behörden
l'autostrada	die Autobahn
l'autunno	der Herbst
in autunno	im Herbst
avanti	weiter, vorwärts, herein
andiamo avanti!	gehen wir weiter!
va avanti!	geh voraus! geh weiter!
avanti!	herein!

avanzare | näherkommen, vorrücken, übrig sein (bleiben)
  avanza ancora del burro | Butter ist noch übrig
avere | haben
  quanti anni hai? | wie alt bist du?
  cos'hai? | was fehlt dir?
  ho da fare | ich habe zu tun
l'avvenimento | das Ereignis
avvenire | sich ereignen, geschehen, vorkommen
l'avventura | das Abenteuer
  andare in cerca di avventure | auf Abenteuer ausgehen
avvertire | verständigen, benachrichtigen, aufmerksam machen (auf)
  ti avverto che … | ich mache dich darauf aufmerksam, daß…
avvicinarsi | sich nähern, näher kommen, herankommen
avvisare | bekanntmachen, benachrichtigen, verständigen, mitteilen
l'avviso | die Meldung, die Anzeige, die Bekanntmachung, die Kundmachung
  un avviso del sindaco | eine Bekanntmachung des Bürgermeisters
  un avviso sul giornale | ein Inserat in der Zeitung
  a mio avviso | meiner Meinung nach
l'avvocato | der Rechtsanwalt, der Advokat
l'azienda | der Betrieb
  azienda familiare | Familienbetrieb
  piccola azienda | Kleinbetrieb
l'azione | die Tat, die Handlung, die Aktie
  una buona azione | eine gute Tat
  società per azioni | Aktiengesellschaft
azzurro | hellblau

B

badare (a) | besorgen, beachten, achten (auf)
  bada! | gib acht!, paß auf!
  tu badi solo a giocare | du denkst nur ans Spielen

il bagaglio	das Gepäck
bagnare/bagnarsi	naß machen/naß werden
mi sono bagnato	ich bin naß geworden
bagnato	naß
il bagno	das Bad, das Badezimmer
fare il bagno	baden
il balcone	der Balkon
ballare	tanzen
il bambino, la bambina	das Kind
fin da bambino	von Kind auf
non fare il bambino!	sei doch kein Kind!
la banca, le banche	die Bank, die Banken
il banco, i banchi	die Bank, die Bänke
la banconota	der Geldschein, die Banknote
la bandiera	die Fahne
la barba	der Bart
la barca	das Boot, der Kahn
andare in barca	mit dem Boot fahren
la base	die Basis, die Grundlage
in base alle sue dichiarazioni	aufgrund seiner Aussagen
basso	niedrig, klein, leise
è piuttosto basso	er ist ziemlich klein
parla a bassa voce	er spricht leise
bastare	genügen
basta così!	das genügt!
basta!	genug!
il bastone	der Stock, der Stab
batter(si)	(sich) schlagen
battere le mani	klatschen
battere a macchina	mit der Schreibmaschine schreiben
battono alla porta	jemand klopft
battono le due	es schlägt zwei Uhr
il battesimo	die Taufe
la bellezza	die Schönheit
le bellezze della nostra regione	die Sehenswürdigkeiten unserer Region
bello	schön
farà bello	es wird schönes Wetter sein
che cos'hai fatto di bello?	was hast du Schönes getan?
questa è bella!	das ist aber gut!
benché	obwohl, obschon

bene — gut, wohl, schön
   sto bene, grazie — es geht mir gut, danke
   bene! — gut!
   stia bene! — leben Sie wohl!
   va bene! — schon gut!
   benvoluto — beliebt
il bene — das Gute, das Wohl
   se puoi, fa del bene! — wenn du kannst, tu(e) etwas Gutes!

il benessere — der Wohlstand
la benzina — das Benzin
bere — trinken, saufen (Tiere)
la bestia — das Tier, das Vieh
la bevanda — das Getränk
la biancheria — die Wäsche
bianco, bianchi, bianche — weiß
   bianchissimo — schneeweiß
il bicchiere — das Glas
   un bicchiere d'acqua — ein Glas Wasser
   un bicchiere per il tè — ein Teeglas
la bicicletta — das Fahrrad
   andare in bicicletta — radfahren
il bigliettaio — der Schaffner
il biglietto — die Fahrkarte
   un biglietto di sola andata — eine Fahrkarte einfache Fahrt
   biglietto d'ingresso — Eintrittskarte
il bilinguismo — die Zweisprachigkeit
   bilingue — zweisprachig
il binario — das Gleis
   da che binario parte il treno per Bressanone? — von welchem Gleis fährt der Zug nach Brixen ab?
biondo — blond
la biro — der Kugelschreiber
la birra — das Bier
bisognare — brauchen, müssen
   bisogna studiare di più! — man muß mehr lernen!
il bisogno — der Bedarf, die Not, das Bedürfnis
   aver bisogno — brauchen, notwendig haben
blu — blau
la bocca, le bocche — der Mund, das Maul (Tiere)

bollire
   il latte bolle
il bollo
   carta da bollo
   marca da bollo
il bordo
   al bordo della strada
   saliamo a bordo!
borghese
   è in borghese
la borsa

   porto con me due borse da viaggio
   ho pagato di borsa mia

il bosco, i boschi
la bottega, le botteghe
la bottiglia
   una bottiglia di vino rosso
   una bottiglia da vino
il bottone
   attaccare bottoni
   premere il bottone!
il braccio, i bracci, le braccia
   in braccio
   a braccia aperte
   a braccetto
bravo
   è un bravo medico
breve/brevemente
   con brevi parole
bruciare
   il sole brucia
   mi sono bruciato
brutto
   il tempo è brutto
   tempi brutti
il buco
la bugia
   dire bugie
buio

kochen, sieden
   die Milch kocht
der Stempel
   Stempelpapier
   Stempelmarke
der Rand, der Bord
   am Straßenrand
   gehen wir an Bord!
zivil
   er ist in Zivil
die (Hand-, Reise-, Akten-) Tasche
   ich nehme zwei Reisetaschen mit
   ich habe aus eigener Tasche bezahlt
der Wald
der Laden, das Geschäft
die Flasche
   eine Flasche Rotwein
   eine Weinflasche
der Knopf
   Knöpfe annähen
   auf den Knopf drücken!
der Arm
   auf dem Arm
   mit offenen Armen
   Arm in Arm
brav, tüchtig
   er ist ein tüchtiger Arzt
kurz
   mit wenigen Worten
(ver)brennen
   die Sonne brennt
   ich habe mich verbrannt
häßlich, schlecht, schlimm
   das Wetter ist schlecht
   schlimme Zeiten
das Loch
die Lüge
   lügen
dunkel, finster

    si fa buio   es wird dunkel
buono — gut
    a buon prezzo   billig
il burro — die Butter
bussare — klopfen
    hanno bussato   es hat geklopft
la busta — der Umschlag, das Kuvert
    in busta aperta/chiusa   in offenem/geschlossenem Umschlag

buttare — werfen
    buttare all'aria   durcheinanderwerfen
    buttare via l'acqua   das Wasser wegschütten

C

la cabina telefonica — die Telefonzelle, die Telefonkabine

la caccia — die Jagd
    egli va a caccia   er geht auf die Jagd
cacciare — jagen, vertreiben
    mi ha cacciato   er hat mich fortgejagt
cadere — fallen, stürzen
la caduta — der Fall, der Sturz
il caffé — der Kaffee
    andiamo al caffé!   gehen wir ins Kaffeehaus (Café)!

calare — hinunterlassen, senken, abnehmen, untergehen
    i giorni calano   die Tage werden kürzer
    i prezzi calano   die Preise sinken
    la temperatura cala   die Temperatur fällt
il calcio — der Fußtritt, der Fußball (Sport)
calcolare — ausrechnen, rechnen (mit)
caldo — warm
    ho caldo   mir ist warm
    fa molto caldo   es ist heiß
il caldo — die Wärme, die Hitze
la calma — die Ruhe, die Stille
    mi fai perdere la calma!   ich verliere bald die Geduld!
calmare — beruhigen
calmo — ruhig, still
    non è calmo   er ist unruhig

la calza	der Strumpf
calza da uomo	Herrenstrumpf
fare la calza	stricken
i calzoni	die Hosen
cambiare	ändern, wechseln (Valuta)
tutto è cambiato	alles hat sich geändert!
il cambio	der Wechsel
ufficio cambi	Wechselstube
il cambio del denaro	der Geldwechsel
la camera	das Zimmer
la camera da letto	das Schlafzimmer
il cameriere	der Kellner
la cameriera	die Kellnerin
la camicia	das Hemd
camminare	gehen
il cammino	der Weg
mettersi in cammino	sich auf den Weg machen
essere in cammino	unterwegs sein
la campagna	das Land
in campagna	auf dem/das Land
la campana	die Glocke
suonano le campane	die Glocken läuten
sentire l'altra campana	die andere Version hören
il campanello	die Klingel
suona il campanello	es klingelt
il campione	das Muster
campione mondiale	Weltmeister
per campione	als Muster
il campo	der Acker, das Feld, das Gebiet
nel campo della politica	auf dem Gebiet der Politik
la candela	die Kerze
il cane	der Hund
cantare	singen
la cantina	der Keller, die Kellerei
vado a prendere una bottiglia in cantina	ich hole eine Flasche aus dem Keller
vado a prendere il vino alla cantina	ich hole den Wein in der Kellerei
la canzone	das Lied
la canzone popolare	das Volkslied
capace	tüchtig, geschickt, fähig
essere capace	imstande sein

il capello — das Haar
   capelli biondi — blonde Haare/blondes Haar
capire — verstehen, begreifen
   capito? — verstanden?
il/la capitale — das Kapital/die Hauptstadt
   capitale azionario — Aktienkapital
il capo — der Kopf, der Chef, der Leiter
il cappello — der Hut
   mettersi il capello — den Hut aufsetzen
   togliersi il cappello — den Hut abnehmen
il cappotto — der Mantel
il carattere — der Charakter
   caratteristico — charakteristisch
il carcere — das Gefängnis, der Kerker
   andare in carcere — ins Gefängnis kommen
   mettere in carcere — ins Gefängnis stecken
caricare — (be)laden, aufladen
   caricare di compiti — mit Aufgaben überladen
il carico — die Ladung
   avere a carico qualcuno — jemanden zu Lasten haben
carino — hübsch, nett
la carne — das Fleisch
caro — lieb, teuer
   questo è caro! — das ist teuer!
   cara Anna! — liebe Anna!
la carriera — die Laufbahn
la carta — das Papier
   la carta d'identità — der Personalausweis
   la carta bollata — das Stempelpapier
la casa — das Haus
   a casa — nach/zu Hause
   in casa — im Hause
   in casa dell'amico — bei meinem Freund
la casalinga, le casalinghe — die Hausfrau
il caso — der Fall
   in ogni caso — auf jeden Fall
   nel caso che — falls, wenn
   per caso — zufällig
la cassa — die Kiste, die Kasse
   una cassa di mele — eine Kiste Äpfel
   la Cassa di Risparmio — die Sparkasse
   vada alla cassa! — gehen Sie zur Kasse!

la cassetta	das Kästchen, die Kassette
la cassetta postale	der Briefkasten
il castello	das Schloß
cattivo	schlecht, böse, schlimm
il tempo è cattivo	das Wetter ist schlecht
la causa	die Ursache, der Prozeß
ho perso la causa	ich habe den Prozeß verloren
per causa mia	meinetwegen
fare causa a qualcuno	jemanden klagen
causare	verursachen
il cavallo	das Pferd
a cavallo	zu Pferd
cavare	herausnehmen, -ziehen
cavare un dente	einen Zahn ziehen
c'è, ci sono	es gibt
cosa c'è oggi da mangiare?	was gibt es heute zu essen?
cedere	nachgeben
celebrare	feiern
celibe	ledig
la cena	das Abendessen
cenare	zu Abend essen
il cenno	das Zeichen
fare cenno con la mano	mit der Hand (ein) Zeichen geben
fare cenno di qualcosa	etwas erwähnen
gli fece cenno di venire	er winkte ihn zu sich
il centinaio, le centinaia	das Hundert
un centinaio di…	etwa hundert…
centinaia di bambini	Hunderte von Kindern
centrale	zentral,
amministrazione centrale	Zentralverwaltung
il centralino	die Telefonvermittlung
il centro	das Zentrum, die Mitte, der Mittelpunkt
al centro	in der Mitte, im Zentrum
il centro città	die Stadtmitte
cercare	suchen, versuchen
chi cerca?	wen wünschen/suchen Sie?
la cerchia, il cerchio	der Kreis
cerchia di amici	Freundeskreis
la cerimonia	die Feier
il certificato	das Zeugnis

certificato di nascita	Geburtsschein
certo/certamente	sicher, gewiß, bestimmt
cessare (di)	aufhören, enden, unterbrechen
cessare dal lavoro	mit der Arbeit aufhören
che (= il quale)	der, die, das; welcher, welche, welches
che	daß
so che…	ich weiß, daß…
che cosa?	was?
chi	wer
da chi vai?	zu wem gehst du?
chiacchierare	plaudern, schwätzen
chiamare	rufen
chiamare al telefono	anrufen
chiamarsi	heißen
come si chiama (Lei)?	wie heißen Sie?
la chiamata telefonica	der Anruf
chiaro/chiaramente	hell, klar, deutlich
è ancora chiaro	es ist noch hell
non ci vedo chiaro	ich sehe nicht klar
scrivi chiaro!	schreibe deutlich!
il chiasso	der Lärm
la chiave	der Schlüssel
la chiave d'automobile	der Autoschlüssel
chiedere	fragen, bitten, verlangen
egli mi chiede di te	er fragt mich nach dir
egli mi chiede della carta	er bittet mich um Papier
cosa chiede da te?	was verlangt er von dir?
la chiesa	die Kirche
il chiodo	der Nagel
il chiosco	der Kiosk, der Stand
il chiosco dei giornali	der (Zeitungs-)Kiosk
chissà	wer weiß
chissà quando arriverà!	wer weiß, wann er kommt!
chiudere	schließen, zumachen
ciao!	grüß dich (Gott)!
il cibo	die Speise, das Essen
cieco, ciechi	blind
il cielo	der Himmel
in cielo	im Himmel
la cifra	die Ziffer, die Zahl, der Betrag
il cimitero	der Friedhof

il cinema — das Kino
ciò — das
  ciò che dici — was du sagst
  di ciò — darüber, davon, daran
  oltre a ciò — außerdem
la cioccolata — die Schokolade
  compro una cioccolata — ich kaufe eine Tafel Schokolade
cioè — das heißt, und zwar, nämlich
circa — ungefähr, zirka, etwa
la circolare — das Rundschreiben
la circostanza — der Umstand
  in queste circostanze — in dieser Situation
la circolazione — der Verkehr, der Umlauf
  la circolazione monetaria — der Geldumlauf
  libretto di circolazione (auto) — Kraftfahrzeugbrief, Autopapiere
la città — die Stadt
  la città di Bolzano — die Stadt Bozen
  in città — in der (die) Stadt
la cittadinanza — die Staatsangehörigkeit, die Staatsbürgerschaft
la cittadina — die Bürgerin
il cittadino — der Bürger (der Städter)
la classe — die Klasse, das Klassenzimmer, der Stand
  biglietto di seconda classe — Fahrkarte zweiter Klasse
  di gran classe — erstklassig
il cliente — der Kunde
la cliente — die Kundin
il clima — das Klima, die Stimmung, die Atmosphäre
la coda — der Schwanz
  in coda al treno — am Ende des Zuges
  fare la coda — Schlange stehen
cogliere — pflücken
il cognome — der Familienname
la coincidenza — der Anschluß (Zug)
la colazione — das Frühstück
  fare colazione — frühstücken
collaborare — mitarbeiten, zusammenarbeiten
il collega — der Kollege

la collega	die Kollegin
collegare	verbinden
la collera	der Zorn
sei in collera con me?	bist du böse auf mich?
la collezione	die Sammlung
la collina	der Hügel, die Anhöhe
il collo	der Hals, das Gepäck
il colore	die Farbe
di che colore è il tuo cappotto?	welche Farbe hat dein Mantel?
la colpa	die Schuld
non è colpa mia	ich kann nichts dafür
colpevole	schuldig
colpire	treffen, schlagen
mi colpì il suo comportamento	sein Benehmen fiel mir auf
il coltello	das Messer
coltivare	anbauen, anpflanzen, pflegen
coltivare le patate	Kartoffeln anbauen
coltivare l'amicizia	Freundschaft pflegen
colto	gebildet
comandare	befehlen, gebieten
comanda un reparto di operai	er führt eine Arbeiterabteilung
combattere	kämpfen, streiten
come	wie
come si dice in italiano?	wie heißt es auf italienisch?
come sta (Lei)?	wie geht es Ihnen?
come me/come lui	wie ich/wie er
come se fosse ricco	als ob er reich wäre
cominciare	beginnen, anfangen
comincia a farsi buio	es wird dunkel
cominciare da capo	von vorne anfangen
il commerciante	der Kaufmann, der Händler
il commercio	der Handel
il commercio all'ingrosso	der Großhandel
il commercio al minuto	der Kleinhandel
la commessa, il commesso	die Verkäuferin, der Verkäufer
commettere	begehen, verüben
cosa ha commesso (di male)?	was hat er verbrochen?
la commissione	die Kommission, der Auftrag
commissione esaminatrice	Prüfungskommission
commuovere	bewegen, rühren, ergreifen
comodo/comodamente	bequem, gemütlich

la compagnia — die Gesellschaft
   mi fai compagnia? — leistest du mir Gesellschaft?
il compagno — der Kamerad
   il compagno di scuola — der Mitschüler
   la compagna di scuola — die Mitschülerin
comp(e)rare — (ein)kaufen
   comprare il biglietto — die Fahrkarte lösen
compiere — erfüllen
compilare — ausfüllen
   compilare un modulo — ein Formular ausfüllen
il compito — die Aufgabe, die Pflicht
il compleanno — der Geburtstag
   per il compleanno — zum Geburtstag
completo/completamente — ganz, voll
il comportamento — das Benehmen, das Betragen
comportarsi — sich betragen, sich benehmen
comprendere — verstehen, begreifen, enthalten, auffassen

il comune — die Gemeinde
   il comune di Merano — die Gemeinde Meran
comune — allgemein, gemeinsam
   l'opinione comune — die allgemeine Meinung
   fuori del comune — außergewöhnlich
   comunemente — gewöhnlich
comunicare — bekanntmachen, mitteilen
   mi ha comunicato il suo arrivo — er hat mir seine Ankunft mitgeteilt
il comunicato — die Kundgebung, der Bericht
   comunicato stampa — Pressemeldung
la comunicazione — die Mitteilung, die Verbindung
   comunicazione ferroviaria — Eisenbahnverbindung
   linea di comunicazione — Verkehrslinie
   fare una comunicazione — etwas mitteilen
con — mit, bei
   vengo con lui — ich komme/gehe mit ihm
   con questo tempo — bei diesem Wetter
concedere — gewähren, bewilligen
il concetto — der Begriff
concludere — beschließen
la conclusione — der Abschluß, der Schluß, das Ende
   in conclusione — schließlich

il concorso — der Wettbewerb
   fare un concorso a — sich bewerben um
condannare — verurteilen
   condannato a dieci anni — zu zehn Jahren verurteilt
la condizione — die Bedingung, der Zustand
   a questa condizione — unter dieser Bedingung
   la casa è in condizioni cattive — das Haus befindet sich in einem schlechten Zustand

il conducente — der Fahrer, der Chauffeur
condurre — führen, lenken, leiten
la conferenza — der Vortrag
la conferma — die Bestätigung
confermare — bestätigen, beweisen
confidare — anvertrauen, vertrauen (auf)
   mi ha confidato tutto — er hat mir alles anvertraut
   egli confida in te — er vertraut auf dich
il confine — die Grenze
   passare il confine — über die Grenze fahren
confondere (con) — verwechseln (mit)
   l'ho confuso con un altro — ich habe ihn mit einem anderen verwechselt

confrontare — vergleichen
il confronto — der Vergleich
   in confronto di — im Vergleich zu
congedarsi — sich verabschieden
il congedo — der Urlaub
   in congedo — auf Urlaub
congratularsi — gratulieren
   mi congratulo con te per l'esame — ich gratuliere dir zur Prüfung

coniugato — verheiratet
il/la conoscente — der/die Bekannte
conoscere — kennen, kennenlernen
   lo conosco da tanto — ich kenne ihn seit langem
   l'ho conosciuto ieri — ich habe ihn gestern kennengelernt

   conosciuto — bekannt
la conoscenza — die Bekanntschaft
   fare la conoscenza — kennenlernen, Bekanntschaft schließen
   essere a conoscenza — Bescheid wissen
   avere conoscenza di qualcosa — von etwas wissen

perdere la conoscenza	das Bewußtsein verlieren
consegnare	übergeben, abgeben
la conseguenza	die Folge
avere per conseguenza	zur Folge haben
di conseguenza	infolgedessen
il consenso	die Zustimmung
consentire	zugeben, zustimmen
conservare	(auf-)bewahren, aufheben
considerare	betrachten, bedenken
la considerazione	die Betrachtung
prendere in considerazione	in Betracht ziehen, berücksichtigen
fare delle considerazioni	Bemerkungen machen
considerevole	beträchtlich, erheblich
consigliare	raten, beraten
mi ha consigliato bene	er hat mich gut beraten
cosa devo consigliargli?	was soll ich ihm raten?
il consiglio	der Rat, die Ratschläge
il consiglio comunale	der Gemeinderat
consistere (in/di)	bestehen (aus)
l'appartamento consiste di quattro stanze	die Wohnung besteht aus vier Zimmern
constatare	feststellen, bemerken
consultare	befragen, nachschlagen
consultare l'orario	im Fahrplan nachsehen
il consumo	der Verbrauch
articolo di consumo	Verbrauchsgegenstand
società dei consumi	Konsumgesellschaft
avere consumo	verbrauchen
la contadina	die Bäuerin
il contadino	der Bauer
contare	zählen, rechnen auf
il contatto	der Kontakt
ho preso contatto con loro	ich habe mich mit ihnen in Verbindung gesetzt
contenere	enthalten
contento (di)	zufrieden (mit)
sono contento del lavoro	ich bin mit der Arbeit zufrieden
non sono contento di ciò	ich bin damit nicht zufrieden
il contenuto	der Inhalt, der Gehalt, der Gegenstand
contestare	bestreiten, protestieren (gegen), anfechten

il continente — der Erdteil, der Kontinent
continuare — fortsetzen
   continua a scrivere! — schreib weiter!
continuo/continuamente — andauernd
il conto — die Rechnung, das Konto
   prego, il conto! — bitte, die Rechnung!
   il conto corrente — das Kontokorrent
contrario/contrariamente — entgegengesetzt
   essere contrario — dagegen sein
   in caso contrario — sonst, im gegenteiligen Fall
il contrario — das Gegenteil
   al contrario — im Gegenteil, umgekehrt
   non ho nulla in contrario — ich habe nichts dagegen
   mi va tutto al contrario — es geht mir alles schief
il contratto — der Vertrag
contro — gegen, wider
controllare — kontrollieren, nachsehen
il controllo — die Kontrolle
   fare un controllo — eine Kontrolle durchführen
il controllore — der Schaffner, der Kontrolleur
convenire — abmachen, sich lohnen
   abbiamo convenuto che... — wir haben abgemacht, daß...
   ciò non conviene — das lohnt sich nicht
la conversazione — das Gespräch, die Unterhaltung, die Konversation

convincere — überzeugen
la convinzione — die Überzeugung
la coperta — die Decke
   la copertina del libro — der Buchdeckel
la copia — die Kopie, die Abschrift
   la fotocopia — die Ablichtung, die Fotokopie
la coppia — das Paar, das Ehepaar
coprire — (be)decken, zudecken, verbergen
il coraggio — der Mut
coraggioso — mutig, kühn
cordiale/cordialmente — herzlich
   cordiali saluti — herzliche Grüße
il corpo — der Körper
la corrente — der Strom
   oggi non c'è corrente — heute ist kein Strom
   qui c'è corrente d'aria — hier zieht es
corrente/correntemente — laufend, fließend

nel mese corrente	im laufenden Monat
parla correntemente l'italiano	er spricht fließend italienisch
con acqua corrente	mit fließendem Wasser
correre	laufen, rennen
perchè mi corri dietro?	warum läufst du mir nach?
ma dove corri?	aber wohin rennst du denn?
il corridoio	der Gang
la corsa	der Lauf, die Fahrt, das Rennen
la corsa automobilistica	das Autorennen
automobile da corsa	der Rennwagen
il corso	der Kurs, der Lauf
fuori corso	außer Kurs
il corso serale	der Abendkurs
il mese in corso	dieser Monat, der laufende Monat
cortese/cortesemente	höflich, freundlich
il cortile	der Hof
corto	kurz
la cosa	die Sache, das Ding
la cosa principale	die Hauptsache
dimmi un po'!	sag einmal!
tante cose!	alles Gute!
la coscienza	das Gewissen, das Bewußtsein
perdere coscienza	ohnmächtig werden
un caso di coscienza	eine Gewissensfrage
avere la coscienza sporca	ein schlechtes Gewissen haben
così	so
per così dire	sozusagen
costare	kosten
quanto è costato questo apparecchio?	wieviel hat dieser Apparat gekostet?
costituirsi	sich stellen
si è costituito alla polizia	er hat sich der Polizei gestellt
la costituzione	die Verfassung
la costituzione italiana	die italienische Verfassung
costringere	zwingen
costruire	bauen
la costruzione	der Bau, das Bauwerk
il costume	die Sitte, der Brauch, die Tracht
ogni paese ha i suoi costumi	jedes Land hat seine Sitten

le donne portano qui ancora i costumi	die Frauen tragen hier noch Trachten
il costume da bagno	der Badeanzug
creare	schaffen, erschaffen
credere	glauben (an), halten (für)
lo credo bene	das glaube ich schon
lo credevo intelligente	ich hielt ihn für intelligent
crescere	wachsen, zunehmen, steigen
siamo cresciuti assieme	wir sind zusammen aufgewachsen
la crisi	die Krise
crisi degli alloggi	Wohnungsnot
essere in crisi	sich in einer Krise befinden
la croce	das Kreuz, das Kruzifix
fare una croce su qualcosa	auf etwas verzichten
il cucchiaio, i cucchiai	der Löffel
il cucchiaino	der Kaffee-, der Teelöffel
la cucina	die Küche
cucire	nähen
macchina da cucire	die Nähmaschine
la cugina, il cugino	die Kusine, der Vetter
cui	dessen/deren; dem/der
l'uomo, il cui figlio	der Mann, dessen Sohn
i libri di cui tutti parlano	die Bücher, über die alle sprechen
la cultura	die Kultur, die Bildung
uomo di cultura	gebildeter Mensch
persona senza cultura	ungebildeter Mensch
cuocere	kochen
la cuoca	die Köchin
il cuoco, i cuochi	der Koch
il cuoio, i cuoi	das Leder
cuoio artificiale	Kunstleder
il cuore	das Herz
senza cuore	herzlos
la cura	die Pflege, die Kur, die Sorge
con cura	sorgfältig
avere in cura un malato	einen Kranken behandeln/ pflegen
essere in cura da un medico	bei einem Arzt in Behandlung sein
curare	sorgen (für), pflegen

    curare la famiglia — für die Familie sorgen
    sono ammalato, ma mi curano bene — ich bin krank, aber ich werde gut gepflegt
curioso — neugierig
    sarei curioso di sapere — ich möchte gerne wissen

D

da — von, aus; zu, bei, seit
    viene dalla città — er kommt von der Stadt
    viene dal cinema — er kommt aus dem Kino
    va dall'amico — er geht zu seinem Freund
    abita da me — er wohnt bei mir
    da un anno — seit einem Jahr
    da Bolzano a Brunico — von Bozen nach Bruneck
danneggiare — schaden, beschädigen
il danno — der Schaden
dappertutto — überall
dapprima — zuerst, anfangs, am Anfang
dare — geben
    dare la buona notte — gute Nacht wünschen
    ha dato un esame — er hat eine Prüfung abgelegt
    cosa danno al cinema? — was läuft/gibt's im Kino?
    dare nell'occhio — auffallen
la data — das Datum
davanti — vor; vorne
    abito davanti al cinema — ich wohne vor dem Kino
    egli è davanti — er ist vorne
    passa davanti alla mia casa — er geht an meinem Haus vorbei
davvero — wirklich
    dici davvero? — sagst du das im Ernst?
    no, davvero — nein, ganz gewiß nicht
il debito — die Schuld, die Pflicht
    avere un debito — etwas schuldig sein
debole/debolmente — schwach
decider(si) — (sich)entscheiden, entschließen
la decisione — die Entscheidung
    giungere a una decisione — die Entscheidung treffen

dedicar(si) (sich) widmen
definitivo endgültig
la delibera der Beschluß
delicato/delicatamente zart, fein
   un argomento delicato ein heikles Thema
il delitto das Verbrechen
deludere enttäuschen
il denaro das Geld
   denaro in contanti das Bargeld
il dente der Zahn
dentro drinnen, herein, hinein
   dentro è caldo drinnen ist es warm
   venga dentro! kommen Sie herein!
   vada dentro! gehen Sie hinein!
la denuncia die Anzeige
   fare una denuncia anzeigen
denunciare anzeigen, angeben
depositare einstellen, lagern
   depositare denaro in banca auf der Bank Geld einlegen
   depositare le valigie alla stazione die Koffer am Bahnhof zur Aufbewahrung geben
il deposito das Lager, die Aufbewahrung
   il deposito bagagli die Gepäckaufbewahrung
   in deposito auf Lager
descrivere beschreiben, schildern
desiderare wünschen, mögen
   ti desiderano al telefono du wirst am Telefon verlangt
il desiderio, i desideri der Wunsch, die Lust, die Sehnsucht
il destino das Schicksal
destro recht, rechts
   vada a destra! gehen Sie (nach) rechts
   tenere la destra sich rechts halten
deviare abweichen, umleiten, ablenken
di aus, von, bei
   di legno aus Holz
   parlo di te ich spreche von dir
   di giorno bei Tag
il diavolo der Teufel
   al diavolo! zum Teufel!
dichiarare erklären
la dichiarazione die Erklärung, die Bestätigung

la dichiarazione dei redditi	die Steuererklärung
dietro	hinten; hinter
di dietro	von hinten
è dietro di me	er ist hinter mir
venite dietro!	kommt nach!
uno dietro l'altro	hintereinander
difender(si)	(sich) verteidigen, sich wehren
differente	verschieden
la differenza	der Unterschied
il difetto	der Fehler
difetto di qualcosa	Mangel an
difficile/difficilmente	schwer, schwierig
è difficile dirlo	das ist schwer zu sagen
la difficoltà	die Schwierigkeit
diligente	fleißig
lavoro diligente	sorgfältige Arbeit
dimenticare	vergessen
diminuire	vermindern, abnehmen; herabsetzen, senken (Preise)
la pioggia diminuisce	der Regen läßt nach
lo zucchero è diminuito di dieci lire al chilo	der Zucker ist um zehn Lire pro Kilo billiger geworden
dimostrare	zeigen, beweisen, demonstrieren
come si doveva dimostrare	was zu beweisen war
i dintorni	die Umgebung
nei dintorni di Bolzano	in der Umgebung von Bozen
Dio	Gott
per amor di Dio!	um Gottes willen!
il buon Dio	der liebe Gott
il/la dipendente	der/die Angestellte
dipendere	abhängen
dipende da te	das hängt von dir ab
dire	sagen
vuol dire che…	das heißt, daß…
dì un po'!	sag einmal!
come dici?	wie bitte?
il diretto	der Schnellzug
diretto/direttamente	direkt, unmittelbar, geradeaus
essere diretto a casa	auf dem Wege nach Hause sein
la lettera è diretta a me	der Brief ist an mich gerichtet
il direttore	der Direktor, der Leiter, der Chef

il direttore del personale	der Personalchef
la direttrice	die Direktorin
la direzione	die Richtung; die Direktion, die Leitung
dirigere	leiten, führen
diritto	gerade
vada sempre diritto!	gehen Sie immer geradeaus!
il diritto	das Recht, der Anspruch
avere diritto a	Recht auf etwas haben
la discesa	die Abfahrt, der Abstieg
in discesa	abwärts
discorrere	reden, sich unterhalten
il discorso	die Rede
pochi discorsi!	wenige Worte!
fare cadere il discorso su	die Rede auf etwas bringen
discreto	ziemlich gut; diskret
il quadro è discreto	das Bild ist ziemlich gut
egli è discreto	er ist diskret
la discussione	die Debatte, die Diskussion
è fuori discussione	das kommt nicht in Frage
discutere	besprechen, diskutieren
disegnare	zeichnen
il disegno	die Zeichnung
la disgrazia	das Unglück
disgraziato	unglücklich
disoccupato	arbeitslos
la disoccupazione	die Arbeitslosigkeit
c'è grande disoccupazione	es herrscht große Arbeitslosigkeit
il disordine	die Unordnung, das Durcheinander
mettere in disordine	in Unordnung bringen
disperar(si)	verzweifeln
dispiacere	leid tun
mi è dispiaciuto	es hat mir leid getan
il dispiacere	das Leid, der Kummer
con mio dispiacere	zu meinem Bedauern
egli non mi ha dato che dispiaceri	er hat mir nur Kummer bereitet
disporre (di)	verfügen (über)
la disposizione	die Maßnahme, die Verfügung die Bestimmung

    sono a Sua disposizione   ich stehe Ihnen zur Verfügung
disposto   bereit, geneigt
    essere ben disposto   gut aufgelegt sein
distante   entfernt, fern
la distanza   die Entfernung
distender(si)   (sich) ausbreiten, sich (hin-) legen/strecken
    distendere i nervi   die Nerven entspannen
distinguere   unterscheiden
distinto/distintamente   vornehm, deutlich
    è una donna distinta   sie ist eine vornehme Frau
    vedo distintamente   ich sehe deutlich
distribuire   verteilen
il distributore di benzina   die Tankstelle
distruggere   zerstören
disturbare   stören
    non si disturbi!   lassen Sie sich nicht stören! bemühen Sie sich nicht!
il disturbo   die Störung
    tolgo il disturbo   ich will nicht länger stören
    prendersi il disturbo   sich die Mühe machen
il dito, le dita   der Finger, die Zehe
la ditta   die Firma, der Betrieb
diventare   werden
diverso   verschieden
    diversi giorni   einige Tage
    questa è una cosa diversa   das ist etwas anderes
il divertimento   die Unterhaltung, das Vergnügen
    buon divertimento!   viel Vergnügen!
    per divertimento   zum Vergnügen
divertir(si)   (sich) unterhalten, (sich) amüsieren
    ciò mi diverte   das macht mir Spaß
dividere   teilen, trennen
    dividi per quattro!   teile durch 4!
    si sono divisi   sie haben sich getrennt
il divieto   das Verbot
    divieto di sosta   Halteverbot
    fare divieto   verbieten
    divieto di fumare   Rauchen verboten
divorziato   geschieden
il dizionario   das Wörterbuch, das Lexikon

la doccia — die Dusche
   fare la doccia — duschen
il documento — die Urkunde, der Ausweis
   i documenti personali — die Personalpapiere
la dogana — der Zoll
   passare la dogana — verzollt werden
dolce/dolcemente — süß, sanft, mild
   carattere dolce — sanftes Wesen
il dolore — der Schmerz, das Weh, das Leid
   dolore di denti — Zahnschmerzen
   senza dolore — schmerzlos
la domanda — die Frage, das Gesuch
   hai già inoltrato la domanda? — hast du das Gesuch schon eingereicht?
   la domanda d'impiego — die Bewerbung
domandare (di) — fragen (nach), bitten (um), verlangen
   mi domandano sempre di te — sie fragen mich immer nach dir
   domanda troppo per questo lavoro — er verlangt zuviel für diese Arbeit
domani — morgen
   dopodomani — übermorgen
domani mattina (= domattina) — morgen früh
il domicilio — der Wohnort
   prendere domicilio a Bolzano — sich in Bozen niederlassen
   consegna a domicilio — Lieferung frei Haus
   lavoro a domicilio — Heimarbeit
la donna — die Frau
   donna di servizio — Dienstmädchen
il dono — das Geschenk, die Gabe
   egli ha il dono della parola — er hat das Talent zum Reden
dopo — nach, nachher
   dopo la scuola — nach der Schule
   vengo dopo — ich komme nachher
   e dopo? — und dann?
doppio/doppiamente — doppelt
dormire — schlafen
il dottore — der Doktor, der Arzt
la dottoressa — die Ärztin
dove — wo, wohin, woher
   dove abiti? — wo wohnst du?
   dove vai? — wohin gehst du?

da dove vieni?	woher kommst du?
dovere	sollen, müssen, schulden, verdanken
devo andare alla posta	ich muß auf die Post gehen
tutti devono morire	alle müssen sterben
che cosa Le devo?	was schulde ich Ihnen?
egli mi deve tutto	er verdankt mir alles
il dovere	die Pflicht, die Aufgabe
a dovere	ordentlich
la dozzina	das Dutzend
dubitare	zweifeln, nicht trauen
non dubitare!	sei unbesorgt!
il dubbio	der Zweifel
senza dubbio	zweifellos
mettere in dubbio	bezweifeln
dunque	also
durante	während
durare	dauern
la durata	die Dauer, die Haltbarkeit
duro/duramente	hart
ha lavorato duro	er hat schwer gearbeitet

E

e, ed	und
ebbene	nun, nun gut
ebbene, che cos'hai deciso?	nun, was hast du entschieden?
eccellente/eccellentemente	ausgezeichnet
eccetera (= ecc.)	und so weiter (= usw.)
eccetto	außer, mit Ausnahme, ausgenommen
eccezionale/eccezionalmente	außergewöhnlich
l'eccezione	die Ausnahme
senza eccezione	ausnahmslos
egli fa eccezione	er bildet eine Ausnahme
ecco	hier (da) ist/sind
eccomi!	da bin ich!
eccoti il denaro!	da hast du das Geld!
l'edificio	das Gebäude
educare	erziehen, ausbilden
l'educazione	die Erziehung, die Bildung
l'effetto	die Wirkung, die Folge

a tutti gli effetti	in jeder Hinsicht
avere effetto	wirksam sein; in Kraft treten (Gesetz)
in effetti	tatsächlich
senza effetto	wirkungslos
effettivamente	wirklich, eigentlich
eguale/egualmente	gleich
egregio (= Egr.)	sehr geehrt
egregio signore (Rossi!)	sehr geehrter Herr (Rossi)!
elegante/elegantemente	elegant, fein
eleggere	wählen
elementare	einfach, elementar
scuola elementare	Volksschule/Grundschule
l'elemento	das Element, der Grundstoff
non ho elementi sufficienti	ich habe nicht genug Angaben
l'elenco	das Verzeichnis, die Liste
l'elenco telefonico	das Telefonbuch
elettrico	elektrisch
centrale elettrica	Elektrizitätswerk
gli elettrodomestici	die Haushaltsgeräte
l'elezione	die Wahl
elezioni comunali	Gemeindewahlen
l'energia	die Energie, die Kraft, der Strom
con energia	energisch
enorme/enormemente	sehr groß; ungeheuer, maßlos
l'ente	die Körperschaft
entrambi	beide
entrare	hineingehen, eintreten, einfahren
tu non c'entri	du hast damit nichts zu tun
l'entrata	der Eingang, die Einfahrt
entro	in, innerhalb, binnen
entro quest'anno	innerhalb dieses Jahres
entro 5 giorni	in/binnen fünf Tagen
entro un'ora	in einer Stunde
entusiasmare	begeistern, entzücken
l'entusiasmo	die Begeisterung
l'episodio	die Episode, das Ereignis, der Vorfall
l'epoca	die Epoche
all'epoca di	zur Zeit von
da quell'epoca	von da an, seitdem
l'equivoco	das Mißverständnis

    prendere un equivoco   mißverstehen
    come è nato l'equivoco?   wie ist das Mißverständnis entstanden?

l'erba — das Gras, das Kraut
    tagliare l'erba   Gras mähen

erigere — errichten, erbauen

l'errore — der Fehler, der Irrtum
    per errore   aus Versehen

esagerare — übertreiben

l'esame — die Prüfung
    fare un esame   eine Prüfung ablegen
    cadere all'esame   bei einer Prüfung durchfallen

esaminare — prüfen, ausfragen, durchsehen

esatto/esattamente — genau, richtig

escludere — ausschließen

eseguire — ausführen

l'esempio, gli esempi — das Beispiel
    per esempio (p. es.)   zum Beispiel (z. B.)
    prendi esempio da lui   nimm ein Beispiel an ihm

esercitare — üben, einüben, ausüben, betreiben
    esercitare una professione   berufstätig sein

l'esercito — das Heer

l'esercizio, gli esercizi — die Übung, der Betrieb
    fare esercizio   (sich) üben
    aprire un esercizio   einen Betrieb eröffnen

esigere — fordern, verlangen

esile — zart, schwach

l'esistenza — die Existenz, das Dasein

esistere — existieren, sein, bestehen
    non esiste al mondo un uomo di questo genere   auf der Welt gibt es einen Menschen solcher Art nicht

esitare — zögern

l'esito — das Ergebnis

esonerare — befreien
    è stato esonerato dall'ufficio   er wurde seines Amts enthoben

l'esperimento — das Experiment, der Versuch

l'esperienza — die Erfahrung
    per esperienza   aus Erfahrung

esperto — erfahren

l'esperto — der Fachmann

esporre — darlegen, ausstellen

egli espone chiaramente le sue idee	er legt seine Gedanken klar dar
sono esposti dei bei vestiti	es sind schöne Kleider ausgestellt
esportare	exportieren, ausführen
l'esportazione	der Export, die Ausfuhr
l'esposizione	die Ausstellung, die Darlegung
l'esposizione di mobili	die Möbelausstellung
espressamente	ausdrücklich
l'espressione	der Ausdruck
esprimer(si)	(sich) ausdrücken, äußern aussprechen
essere	sein
a che punto sei?	wie weit bist du?
non c'è di che!	nichts zu danken!
che (ne) sarà di te?	was wird aus dir werden?
l'estate	der Sommer
in estate	im Sommer
estero	ausländisch
commercio estero	Auslandshandel
l'estero	das Ausland
all'estero	im/ins Ausland
estraneo	fremd
l'estratto	der Auszug
l'estratto conto	der Kontoauszug
l'età	das Alter
alla mia età	in meinem Alter
che età hai?	wie alt bist du?
eterno	ewig
europeo	europäisch
evidente/evidentemente	deutlich, klar
evitare	vermeiden
extra	extra

F

la fabbrica, le fabbriche	die Fabrik
il fabbricato	das Gebäude
la faccia, le facce	das Gesicht
facile/facilmente	leicht
falso	falsch, unrichtig, unecht

la fama — der Ruf, der Ruhm
    un medico di gran fama — ein Arzt von Ruf
    di fama mondiale — weltberühmt
la fame — der Hunger
    aver fame — Hunger haben, hungrig sein
la famiglia — die Familie
familiare — vertraut
    assegni familiari — Familienzulage
famoso — berühmt, bekannt
la fantasia — die Phantasie
    povero di fantasia — phantasielos
fare — tun, machen, lassen
    faccio venire il direttore — ich lasse den Direktor kommen
    il tempo si fa bello — das Wetter wird schön
    fa il medico — er ist Arzt
    fare il numero telefonico — wählen
la farmacia — die Apotheke
    la farmacia di turno — die diensthabende Apotheke
il fastidio — die Störung, die Belästigung
    dare fastidio — belästigen, stören
la fatica, le fatiche — die Mühe, die Anstrengung
    fare fatica a camminare — mit Mühe gehen
faticoso/faticosamente — mühsam
il fatto — die Tat, das Ereignis, die Sache, die Tatsache
    questi sono fatti miei — das ist meine Sache
il fattorino — der Laufbursche
la fattura — die Rechnung
il favore — der Gefallen
    per favore! — bitte!
    mi faccia il favore di dirmi… — sagen Sie mir bitte…
    ti chiedo un favore — ich bitte dich um einen Gefallen
favorevole/favorevolmente — günstig
    essere favorevole — dafür sein
favorire — helfen, begünstigen
    vuol favorire? — darf ich Ihnen etwas anbieten?
il fazzoletto — das Taschen-, das Hals-, das Kopftuch
la febbre — das Fieber
la fede — das Vertrauen, der Glaube
    aver fede in — glauben an

l'hai fatto in malafede
    wider besseres Wissen hast du es getan

fedele/fedelmente — treu
felice/felicemente — glücklich
la felicità — das Glück
le ferie — die Ferien, der Urlaub
ferire — verletzen, verwunden, kränken
    ferito gravemente — schwer verletzt
    le tue parole mi hanno ferito — deine Worte haben mich gekränkt

la ferita — die Wunde
fermar(si) — (an)halten, stehen bleiben
    fermò l'automobile — er hielt das Auto an
    il mio orologio si è fermato — meine Uhr ist stehengeblieben
la fermata — die Haltestelle, die Station
    faremo una breve fermata — wir werden eine kurze Rast machen

fermo — fest, still, ruhig
    con voce ferma — mit fester Stimme
    il commercio è fermo — der Handel liegt still
il ferro — das Eisen
    di ferro — aus Eisen
la ferrovia — die (Eisen-)Bahn
fertile — fruchtbar
la festa — das Fest, der Festtag
festeggiare — feiern
la fiamma — die Flamme
    tutto va in fiamme — alles geht in Flammen auf, alles brennt nieder

il fiato — der Atem
    beve tutto in un fiato — er trinkt alles in einem Zug
    avere il fiato grosso — außer Atem sein
il fidanzamento — die Verlobung
fidarsi (di) — vertrauen (auf), trauen, sich verlassen auf
    puoi fidarti di lui — du kannst ihm (ver)trauen
    fidato — verläßlich
la fiera — die Messe, der Jahrmarkt
    la fiera di Bolzano — die Bozner Messe
fiero (di) — stolz (auf)
la figlia/la figliola — die Tochter
il figlio/il figliolo — der Sohn

i miei figlioli — meine Kinder
la figura — die Figur, die Gestalt
   la figura principale — die Hauptgestalt
   fare una bella figura — einen guten Eindruck machen
figurare — darstellen, vorkommen
   il suo nome non figurava nelle liste — sein Name war nicht in der Liste
   figurarsi — sich vorstellen
la fila — die Reihe
   in fila — hintereinander
   fare la fila — Schlange stehen
   mettersi in fila — sich hintereinander aufstellen
il filo — der Faden, der Zwirn
   il filo di ferro — der Draht
   il filo elettrico — der elektrische Draht
   un filo di speranza — eine schwache Hoffnung
il film — der Film
   il film a colori — der Farbfilm
   un film giallo — ein Kriminalfilm
finalmente — endlich
fine — fein
la fine — das Ende, der Ausgang, der Zweck
   alla fine di agosto — Ende August
   alla fine — zuletzt
   a che fine? — zu welchem Zweck? wozu? wofür?
   che fine hanno fatto i miei occhiali? — wo ist meine Brille geblieben?
la finestra, il finestrino — das Fenster
   il finestrino dell'automobile — das Autofenster
finire — (be)enden
   il film sta per finire — der Film geht gerade zu Ende
   la lezione finisce alle 10 — die Stunde hört um 10 Uhr auf
fino — bis, solange
   fino a domani — bir morgen
   fino alla banca — bis zur Bank
il fiore — die Blume
fiorire — blühen
la firma — die Unterschrift
firmare — unterschreiben
fissare — bestimmen, festsetzen, festlegen

fisso — fest, starr
   prezzi fissi — feste Preise
il fiume — der Fluß, der Strom
la foglia — das Blatt
   le foglie cadono — die Blätter fallen
il foglio, i fogli — das Blatt
   dammi un foglio di carta! — gib mir ein Blatt Papier!
la folla — die Menge
fondare — gründen
il fondo — der Grund, die Tiefe
   in fondo — im Grunde genommen
   tutto in fondo — ganz hinten/unten
   senza fondo — grundlos
   andare a fondo — untergehen, sinken
la fontana — der Brunnen
la fonte — die Quelle, die Ursache
le forbici — die Schere
la forchetta — die Gabel
la forma — die Form, die Weise
   essere in forma — in Form sein
il formaggio, i formaggi — der Käse
formare — bilden
   formare un numero al telefono — eine Telefonnummer wählen
   formarsi un'idea — sich ein Bild machen
fornire — versorgen, erteilen, liefern
forse — vielleicht
forte — stark, scharf
la fortuna — das Glück
   per fortuna — zum Glück
fortunato — glücklich
la forza — die Kraft, die Stärke, der Strom
   a forza di lavorare — durch vieles Arbeiten
   forza maggiore — höhere Gewalt
   forza industriale — Starkstrom
   in forza di — kraft (+ Gen.)
fotografare — fotografieren, aufnehmen
la foto(grafia) — die Fotografie, das Foto
   foto a colori — Farbfoto
fra — zwischen, unter
   fra l'altro — unter anderem
   fra 15 giorni — in 15 Tagen

franco/francamente — frei, offen
  franco di spese — spesenfrei
  detto francamente — offen gesagt
il francobollo — die Briefmarke
  raccoglie francobolli — er sammelt Briefmarken
  applica il francobollo! — klebe die Marke auf!
la frase — der Satz
il fratello — der Bruder
i fratelli (= fratelli e sorelle) — die Geschwister
frattanto — inzwischen
freddo/freddamente — kalt
  fa freddo — es ist kalt
il freddo — die Kälte
  ho freddo — mir ist kalt, ich friere
  morire di freddo — vor Kälte sterben
frenar(si) — bremsen, zurückhalten, (sich) beherrschen
frequentare — besuchen
frequente — häufig
fresco, freschi, fresche — frisch, kühl
la fretta — die Eile
  aver fretta — es eilig haben
  per la fretta — in der Eile
la fronte — die Stirne
  tenere fronte a — widerstehen
  abito di fronte al cinema — ich wohne dem Kino gegenüber
la frutta — das Obst
il frutto — die Frucht, der Ertrag
  senza frutto — ohne Erfolg
  prestare denaro a frutto — Geld auf Zinsen leihen
fuggire — fliehen, entfliehen
  fuggire via — davonlaufen, weglaufen
il fulmine — der Blitz
  caduta di un fulmine — Blitzschlag
fumare — rauchen
  vietato fumare! — Rauchen verboten!
il fumo — der Rauch
il funerale — das Begräbnis, die Beerdigung
funzionare — funktionieren, in Betrieb sein
  far funzionare — in Betrieb setzen

il funzionario	der Beamte, die Beamtin
il fuoco, i fuochi	das Feuer
fuori	außer, außerhalb, draußen, hinaus, heraus
fuori di sè	außer sich
vieni fuori!	komm heraus!
furbo	schlau
il furto	der Diebstahl
il futuro	die Zukunft,
in futuro	in Zukunft, zukünftig
nel mese futuro	im nächsten Monat

G

la gamba	das Bein
essere ancora in gamba	noch rüstig sein
avere buone gambe	ein guter Fußgänger sein
sta in gamba!	bleib gesund!
la gara	der Wettkampf, der Wettbewerb,
fuori gara	außer Konkurrenz
il garage	die Garage
il gatto	die Katze
c'erano solo quattro gatti	es waren nur ein paar Leute da
gelare	frieren
il freddo gela l'acqua	die Kälte läßt das Wasser gefrieren
il gelato	das Eis
geloso (di)	eifersüchtig (auf)
generale/generalmente	allgemein
norme generali	allgemeine Normen
in generale	im allgemeinen
il genere	die Art, die Weise, der Artikel
genere di vita	Lebensweise
generi misti, generi alimentari	Lebensmittel
gente di ogni genere	Menschen jeder Art
unico nel suo genere	einzig in seiner Art
di questo genere	solcher Art, so
i genitori	die Eltern
la gente	die Leute (pl.)
gentile/gentilmente	freundlich, höflich
il gesto	die Gebärde, die Geste

parlare a gesti	mit den Händen sprechen
fare un bel gesto	eine schöne Tat vollbringen
gettare	werfen
il gettone	die Einwurfmünze
il gettone telefonico	die Telefonmünze
il ghiaccio, i ghiacci	das Eis
di ghiaccio	eiskalt
già	schon, bereits
di già?	schon?
già, è così!	ja, es ist so!
la giacca, le giacche	die Jacke, der (Herren-)Rock
giallo	gelb
film giallo	Kriminalfilm
il giardino	der Garten
il ginocchio	das Knie
mettersi in ginocchio	niederknien
giocare	spielen
giocare di denaro	um Geld spielen
il gioco	das Spiel
per gioco	aus Spaß
essere in gioco	auf dem Spiel stehen
avere buon gioco	leichtes Spiel haben
prendersi gioco di uno	sich über einen lustig machen
la gioia	die Freude
mi hai dato una grande gioia	du hast mir eine große Freude gemacht
il giornale	die Zeitung, die Tageszeitung
il giornale del mattino	das Morgenblatt
il giornale radio	die Nachrichten (im Radio)
ieri era sul giornale	gestern stand es in der Zeitung
la giornata, il giorno	der Tag
di giorno	bei Tag
un giorno	eines Tages
tutto il giorno	den ganzen Tag
giornalmente	täglich
giorno feriale	Werktag
si fa giorno	es wird Tag
giovane	jung
i giovani	die Jugendlichen
il giovanotto	der junge Mann
la gioventù	die Jugend

girare
  girare un film
  gira a destra!
il giro

  nel giro di poche ore
  essere in giro
  prendere in giro qualcuno

la gita
giù
  laggiù
  va giù!
  vieni giù!
giudicare
  lo giudico buono
il giudice
il giudizio
  un ragazzo senza giudizio
  a mio giudizio
  chiamare a giudizio
giungere
giurare
la giustizia
  il palazzo di giustizia
  fare giustizia
giusto/giustamente
  giusto adesso
il governo
  formare il governo
grande
  farsi grande
  in grande parte
la grandezza
il grano
grasso
  giovedì grasso
  si è fatto grasso
grato
  mi è grato dirLe che…

grave/gravemente

drehen, biegen, herumgehen
  einen Film drehen
  biege nach rechts ab!
der Spaziergang, die Rundfahrt, der Rundgang
  im Verlauf weniger Stunden
  unterwegs sein
  sich über jemanden lustig machen
der Ausflug
unten, hinunter, herunter
  dort unten
  geh hinunter!
  komm herunter!
urteilen, beurteilen
  ich halte ihn für gut
der Richter
das Urteil, die Ansicht
  ein Junge ohne Verstand
  meiner Meinung nach
  vor Gericht laden
ankommen
schwören
die Gerechtigkeit, die Justiz
  der Justizpalast
  verurteilen
richtig, genau, gerecht
  gerade jetzt
die Regierung
  die Regierung bilden
groß
  groß werden
  größtenteils
die Größe
das Korn, der Weizen
dick, fett
  der Faschingsdonnerstag
  er ist dick geworden
dankbar
  es freut mich, Ihnen zu sagen, daß…

schwer, ernst

    un grave errore
la grazia
    chiedere la grazia
    essere nelle grazie di qualcuno

grazie
    tante grazie!
    mille grazie!

gridare
    gridare aiuto
il grido, i gridi, le grida
    grido di aiuto
    di grido
grigio
grosso
    un libro grosso
il gruppo
    gruppo di giovani
guadagnare
    guadagnare terreno
    che ci guadagno?
guardare
    guarda, guarda!
    egli sta a guardare
    guardarsi
la guardia

    la guardia medica
    essere di guardia
guarire
la guerra
    fare la guerra
    andare in guerra
guidare

il gusto
    di buon gusto
    senza gusto
    mangiare con gusto
    che gusto ci trovi?

ein schwerer Fehler
die Gnade, die Anmut
    um Gnade bitten
    in Gunst bei jemandem stehen

danke
    danke schön! danke vielmals! vielen Dank!

schreien
    um Hilfe rufen
der Schrei
    Hilferuf
    von Ruf
grau
dick
    ein dickes Buch
die Gruppe
    Jugendgruppe
verdienen
    Fortschritte machen
    was habe ich davon?
schauen, ansehen
    schau, schau! sieh mal an!
    er schaut zu
    sich ansehen, sich hüten
der Schutzmann, der Polizeibeamte, der Wächter, die Wache
    Sanitätswache
    Wache halten
gesund werden, heilen
der Krieg
    Krieg führen
    in den Krieg ziehen
führen, leiten, fahren, lenken (Auto)
der Geschmack
    geschmackvoll
    geschmacklos
    sehr gern essen
    was für ein Vergnügen findest du dabei?

H

l'hobby — das Hobby
l'hotel — das Hotel

I

l'idea — die Idee, der Einfall, die Ahnung, der Begriff
   non ho idea — ich habe keine Ahnung
   l'idea è sua — die Idee stammt von ihm
   mi sono fatto un'idea di questo paese — ich habe mir eine Vorstellung von diesem Land gemacht
   mi è venuta un'idea — es ist mir etwas eingefallen
l'identità — die Identität
   la carta d'identità — der Personalausweis
ieri — gestern
   l'altro ieri — vorgestern
   ieri mattina — gestern morgen (früh)
   ieri otto — gestern vor acht Tagen
imitare — nachmachen
immaginarsi — sich einbilden, sich vorstellen
imparare — lernen
impedire — verhindern, behindern
   impedire il passo — den Weg versperren
impegnarsi — sich verpflichten, sich anstrengen
   impegnarsi a fondo — sich (voll)einsetzen
l'impiegato/a — der Beamte/die Beamtin
   gli impiegati statali — die Staatsangestellten
importante — wichtig, bedeutend
   la cosa più importante è, che... — das Wichtigste ist, daß...
l'importanza — die Bedeutung, die Wichtigkeit
   dare importanza — Wert legen
   darsi importanza — sich wichtig machen
importare — einführen, nötig sein
   non importa — es macht nichts
   che me ne importa? — was geht mich das an?
   non me ne importa niente — es liegt mir nichts daran
l'importazione — die Einfuhr, der Import
impossibile — unmöglich
   pare impossibile! — man glaubt es kaum!

impostare — aufgeben (Brief), einwerfen
  impostare un lavoro — eine Arbeit planen
  impostare un problema — ein Problem formulieren
l'impressione — der Eindruck
  ho l'impressione che... — ich habe den Eindruck, daß...
improvviso/improvvisamente — plötzlich, unerwartet
l'imputato — der Angeklagte
in — in, auf, mit
  in italiano — auf italienisch
  in auto — mit dem Auto
  nel 1977 — 1977
  in agosto — im August
incaricare — beauftragen
incaricarsi — übernehmen, auf sich nehmen
l'incarico, gli incarichi — der Auftrag
  per incarico di — im Auftrag von
  dare un incarico — beauftragen
l'incendio — der Brand
  assicurazione contro l'incendio — Feuerversicherung
l'incidente — der Unfall
  incidente stradale — der Verkehrsunfall
incontrare — begegnen, treffen
  l'ho incontrato — ich bin ihm begegnet, ich habe ihn getroffen
l'incontro — die Begegnung, das Zusammentreffen
  disputare un incontro — einen Wettkampf austragen
l'incrocio — die Kreuzung
l'indagine — die Untersuchung, die Forschung
  condurre un'indagine — eine Untersuchung durchführen
  indagine di mercato — Marktforschung
indicare — zeigen, angeben
  indicare la strada — den Weg zeigen
indietro — zurück
  molto indietro — weit zurück
  all'indietro — rückwärts
  l'orologio va indietro — die Uhr geht nach
indipendente/indipendentemente — unabhängig
  è indipendente — er ist selbständig

l'indirizzo — die Adresse
  se non cambi indirizzo di vita, finirai male — wenn du deine Lebensweise nicht änderst, wirst du ein schlimmes Ende nehmen
l'individuo — das Individuum, die Person
indurre — bewegen, veranlassen
  mi ha indotto — er hat mich dazu bewogen
l'industria — die Industrie, das Gewerbe
  industria pesante — Schwerindustrie
l'infanzia — die Kindheit
infatti — in der Tat, tatsächlich
  infatti è così! — so ist es auch!
inferiore — geringer, niedriger
  di qualità inferiore — von geringerer Qualität
  parte inferiore — das Unterteil
  si sentiva inferiore a me — er fühlte sich mir unterlegen
l'infermiera — die Krankenschwester
l'infermiere — der Krankenpfleger
infine — schließlich
l'influenza — die Grippe; der Einfluß
informare — benachrichtigen, verständigen
  l'hai informato? — hast du ihn verständigt?
informarsi — sich erkundigen
l'informazione — die Auskunft
  ufficio informazioni — Auskunftsbüro
ingannar(si) — betrügen; (sich) täuschen, (sich) irren
  ingannare il tempo — die Zeit vertreiben
l'ingegnere — der Ingenieur
  l'ingegnere civile — der Bauingenieur
l'ingresso — der Eingang, der Eintritt
  biglietto d'ingresso — Eintrittskarte
l'inizio — der Anfang, der Beginn
  all'inizio — anfangs, am Anfang
  sin dall'inizio — von Anfang an
innanzi — vor, vorwärts
  innanzi tutto — vor allem
  vado innanzi — ich gehe vorwärts
  d'ora innanzi — von nun an
innocente — unschuldig
inoltrare — einreichen
  inoltrare una domanda — ein Gesuch einreichen

inoltre	außerdem
l'inquietudine	die Unruhe
l'inquinamento	die Verschmutzung
	die Verseuchung
l'insegnamento	der Unterricht
l'insegnante	der Lehrer, die Lehrerin
insegnare	unterrichten, lehren
l'inserzione	die Anzeige, das Inserat
insieme	zusammen
giocare insieme	miteinander spielen
insignificante	unbedeutend
insistere (su)	bestehen (auf)
insoddisfatto	unzufrieden
insomma	kurz; schließlich
intanto	inzwischen
intelligente	intelligent, klug
interessante	interessant
interessarsi (di)	sich interessieren (für)
non s'interessa di nulla	er kümmert sich um nichts
intender(si)	verstehen, meinen
che cosa intende dire?	was meinen Sie damit?
s'intende!	natürlich!
che cosa s'intende per…	was versteht man unter…
non me ne intendo	ich verstehe nichts davon
m'intendo di musica	ich verstehe etwas von Musik
l'intenzione	die Absicht
con intenzione	mit Absicht, absichtlich
con le migliori intenzioni	in bester Absicht
è mia intenzione aiutarlo	ich habe vor, ihm zu helfen
l'interesse	das Interesse
per interesse	aus Interesse
internazionale	international
interno	inner, Innen-
verso l'interno	nach innen
all'interno della nostra città	innerhalb unserer Stadt
porta interna	Innentür
l'interno	das Inland, das Innere
all'interno e all'estero	im Inland und im Ausland
intero/interamente	ganz
un'ora intera	eine volle Stunde
intorno	um; umher, ringsherum
intorno alla casa	um das Haus herum

il paesaggio intorno	die Landschaft ringsherum
interrogare	fragen, prüfen
il giudice deve interrogare l'imputato	der Richter muß den Angeklagten verhören
interrompere	unterbrechen
l'interruzione	die Unterbrechung
l'interruzione del traffico	die Verkehrsstockung
l'interruzione di corrente	die Stromunterbrechung
intervenire	eingreifen, sich einmischen
intervenire a una festa	an einem Fest teilnehmen
l'intervento	der Eingriff
senza il mio intervento	ohne mein Zutun
intervento statale	Staatseingriff
l'intesa	das Einverständnis
d'intesa con…	im Einverständnis mit…
intraprendere	unternehmen
intrattener(si)	(sich) unterhalten,
introdurre	einführen
inutile/inutilmente	nutzlos, unnütz
invano	umsonst, vergebens
invecchiare	alt werden
invece	statt, hingegen, dagegen
invece di mio fratello	statt meines Bruders
egli scrive, io invece leggo	er schreibt, ich hingegen lese
l'invenzione	die Erfindung
l'inverno	der Winter
d'inverno	im Winter
inviare	senden, schicken
l'invidia	der Neid
per invidia	aus Neid
invitare	einladen; auffordern
l'invito	die Einladung, die Aufforderung
irregolare	unregelmäßig
irrequieto	unruhig
iscriver(si)	(sich) einschreiben
l'isola	die Insel
isola pedonale	Fußgängerzone
l'istante	der Augenblick, der Moment
all'istante	augenblicklich, sofort
l'istituto	das Institut, die Anstalt
istituto tecnico commerciale	Handelsoberschule
istituto industriale	Gewerbeschule

istruire	unterrichten, ausbilden
istruito	gebildet
l'istruzione	der Unterricht, die Bildung, die Ausbildung
le istruzioni	die Vorschriften
italiano	italienisch
l'italiano	das Italienische, die italienische Sprache
imparo l'italiano	ich lerne Italienisch
in italiano	auf italienisch
l'italiano/a	der Italiener/die Italienerin
l'itinerario	der Weg, die Tour, der Reiseplan

L

là	da, dort, dorthin
chi è là?	wer ist dort?
qua e là	da und dort
il ladro	der Dieb
laggiù	dort unten;
il lago, i laghi	der See
lamentar(si)	(sich) beklagen
la lampadina	die Lampe, die Glühbirne
lampada da tavolo	Tischlampe
la lana	die Wolle
di lana	aus Wolle
la larghezza	die Breite, die Weite
largo, larghi, larghe	breit, weit
lasciar(si)	lassen, verlassen, sich trennen
lassù	dort oben (sein), dort hinauf (gehen)
il lato	die Seite
il latte	die Milch
latte in polvere	Trockenmilch
la laurea	die Promotion, das Doktorat
prendere la laurea	den Doktor machen, promovieren
laurearsi	promovieren
si è laureato a Padova	er hat in Padua promoviert
lavar(si)	(sich) waschen
io mi lavo	ich wasche mich
io mi lavo le mani	ich wasche mir die Hände

lavorare — arbeiten, bearbeiten
   qui lavorano il ferro — hier verarbeitet man Eisen
il lavoro — die Arbeit
legale/legalmente — gesetzlich, rechtmäßig, rechtsgültig
   consulente legale — Rechtsberater
   numero legale — gesetzlich vorgeschriebene Zahl
   via legale — Rechtsweg
la legge — das Gesetz
   studia legge — er studiert die Rechte
leggere — lesen
leggero — leicht
   alla leggera — leichtsinnig
il legno, la legna — das Holz
   legna da ardere — Brennholz
legittimo — gesetzmäßig, rechtmäßig, rechtsgültig
   un bambino legittimo — ein eheliches Kind
lento/lentamente — langsam, locker
il lessico — das Lexikon
la lettera — der Brief, das Schreiben, der Buchstabe
   alla lettera — wörtlich
   per lettera — brieflich
la letteratura — die Literatur
il letto — das Bett
   andare a letto — schlafen gehen
   essere a letto — im Bett liegen
levare — (be)heben, wegnehmen
   levare la sete — den Durst stillen
   levare di mezzo — wegschaffen
levarsi — sich erheben, aufkommen, stehen über, aufgehen, aufstehen
la lezione — die Lektion, der Unterricht, die Vorlesung, die Stunde
   la lezione d'italiano — die Italienischstunde
   lezione per progrediti — Fortgeschrittenenunterricht
   orario delle lezioni — Stundenplan
   fare lezione — unterrichten
lì — dort, dorthin
   fermo lì! — halt!

liberare — befreien, freimachen, entlassen, räumen
  bisogna prima liberare la strada — man muß zuerst die Straße räumen
  liberarsi da un impegno — sich von einer Verpflichtung freimachen

libero/liberamente — frei
  libero professionista — Freiberufler
la libertà — die Freiheit
  mettere in libertà — freilassen
il libretto di circolazione — die Autopapiere, das Autobüchlein

il libro — das Buch
la licenza — der Urlaub, die Lizenz
  andare in licenza — in Urlaub gehen
  esame di licenza — Abschlußprüfung
il licenziamento — die Entlassung, die Kündigung
  licenziamento (senza preavviso) — fristlose Entlassung

licenziare — entlassen, kündigen
  licenziarsi da un servizio — den Dienst kündigen
lieto — froh
  lieto di conoscerla! — es freut mich, Sie kennenzulernen!
  essere lieto di — sich über (auf) etwas freuen
limitare — ab-, ein-, be-grenzen, einschränken, beschränken
  il nostro soggiorno è limitato — unser Aufenthalt ist beschränkt
la lingua — die Sprache, die Zunge
  di lingua tedesca — deutschsprachig
  la lingua straniera — die Fremdsprache
la lista — die Liste, das Verzeichnis
  la lista dei vini — die Weinkarte
il livello — das Niveau
  livello di vita — (Lebens-) Standard
la lite — der Streit, der Prozeß
litigare — streiten, Prozeß führen
locale — örtlich, Orts..., Lokal-
  il treno locale — der Lokalzug
  ora locale — Ortszeit
lodare — loben, gutheißen
lontano — fern, weit, entfernt, abgelegen

venire da lontano	von weither kommen
lottare	kämpfen, bekämpfen, ringen
lottare contro la miseria	die Not bekämpfen
lottare con la morte	mit dem Tod ringen
la luce	das Licht
la luna	der Mond, die Laune
andare a lune	launisch sein
avere le lune	schlechter Laune sein
luna nuova	Neumond
luna piena	Vollmond
la lunghezza	die Länge, die Dauer
avere una lunghezza di un metro	einen Meter lang sein
lungo	lang
a lungo	lange
alla lunga	auf die Dauer
di gran lunga	bei weitem
il luogo, i luoghi	der Ort, die Stelle
in altro luogo	anderswo, woanders
in luogo di…	statt…
in nessun luogo	nirgends
in primo luogo	erstens, vor allem
aver luogo	stattfinden
da un luogo all'altro	von Ort zu Ort
il lusso	der Luxus, der Aufwand
articolo di lusso	Luxusartikel
di lusso	luxuriös, prunkvoll
il lutto	die Trauer
essere in lutto per qualcuno	um jemanden trauern

M

ma	aber, sondern
la macchina	das Auto, der Wagen, die Maschine
macchina da caffè	Kaffeemaschine
scritto a macchina	mit der Maschine geschrieben
andare in macchina	Auto fahren
macinare	mahlen
caffè macinato	gemahlener Kaffee
la madre	die Mutter

madrelingua	Muttersprache
il maestro/la maestra	der Lehrer/die Lehrerin
muro maestro	Hauptmauer
le maestranze (pl.)	die Belegschaft, die Arbeiterschaft
magari	sogar, vielleicht, wohl auch
oggi no, magari domani	heute nicht, vielleicht morgen
il magazzino	das Magazin, das Lager
grandi magazzini	Warenhaus, Kaufhaus
la maggioranza	die Mehrheit
la maggioranza dei presenti	die Mehrheit der Anwesenden
maggiorenne	volljährig
il magnetofono	das Tonbandgerät
magro	mager, hager
mai	nie
mai più	nie wieder
caso mai	gegebenenfalls
come mai?	wie (so) denn?
meno che mai	weniger denn je
perché mai?	warum denn?
la malafede	die böse Absicht
il malanno	das Unheil, das Übel
malato (di)	krank (an)
darsi malato	sich krank melden
malato di cuore	herzkrank
la malattia	die Krankheit, das Leiden
per malattia	krankheitshalber
soffrire di una malattia	an einer Krankheit leiden
male	schlecht, weh, schlimm, übel
mi fa male	es tut mir weh
tutto mi va male	alles geht mir schief
capire male	falsch verstehen
bene o male	wohl oder übel
mica male	nicht übel
maledire	verfluchen, verdammen
malgrado	trotz, obwohl
malgrado ciò	trotzdem
maltrattare	mißhandeln, quälen
maltratta il cane	er quält den Hund
la mancanza (di)	der Mangel (an)
la mancanza di benzina	der Benzinmangel

sentire la mancanza	vermissen
mancare	fehlen, fort, weg, nicht da sein, ausgehen
mi mancano i soldi	es fehlt mir an Geld
manca la corrente	der Strom fällt aus
la mancia	das Trinkgeld, die Belohnung
mandare	(aus-, zu-, ver-) schicken
mangiare	essen; fressen (Tiere)
la maniera	die Art, die Weise
maniera di dire	Redensart
maniera di scrivere	Schreibweise
con le buone maniere	im guten
la manifestazione	die Kundgebung, die Offenbarung, die Erscheinung
manifestazione di protesta	Protestkundgebung
la mano, le mani	die Hand
a mano a mano	nach und nach
per mano	an der Hand
giù le mani!	Hände weg!
dare una mano	mithelfen
la manodopera	die Arbeitskräfte
manodopera specializzata	Fachkräfte
mantenere	erhalten, unterhalten, bewahren
mantenere un segreto	ein Geheimnis bewahren
mantenere la parola	Wort halten
il marciapiede	der Gehsteig
marciapiede della stazione	Bahnsteig
il mare	das Meer, die See
in alto mare	auf hoher See
il marito	der (Ehe-)Mann
il maso	der Hof, der Bauernhof
massimo	größt, höchst, Größt-, Höchst-
il massimo della velocità	die Höchstgeschwindigkeit
masticare	kauen
la materia	der Stoff, der Gegenstand, das Fach
materia colorante	Farbstoff
materia secondaria	Nebenfach
competente in materia	fachkundig
il materiale	das Material, der Stoff
materiale	materiell, sachlich
il matrimonio	die Ehe, die Hochzeit, die Heirat

certificato di matrimonio	Heiratsschein
la mattina/il mattino	der Morgen
di mattina	am Morgen, morgens
di buon mattino	am frühen Morgen
la mattinata	der Vormittag
in mattinata	im Laufe des Vormittags
nella mattinata	vormittags, am Vormittag
matto	verrückt, närrisch
la maturità	die Reife, das Abitur
l'esame di maturità	die Reifeprüfung
maturo	reif
medesimo	selber, selbst, gleich
il medesimo	derselbe
nella medesima ora	zur gleichen Stunde
la media	der Durchschnitt
la media oraria	Durchschnittsgeschwindigkeit
in media	im Durchschnitt
la medicina	die Medizin
il medico, i medici	der Arzt
medico condotto	Gemeindearzt
medio	mittlere, Mittel-, durchschnittlich
dito medio	Mittelfinger
guadagno medio	durchschnittlicher Verdienst
meditare	nachdenken, überlegen
meglio	besser
tanto meglio!	um so besser!
sta meglio	es geht ihm besser
qualcosa di meglio	etwas Besseres
il membro	das Glied, das Mitglied
membro della commissione	Ausschuß-, Kommissionsmitglied
la memoria	das Gedächtnis
a memoria	auswendig
mentire	lügen, belügen
mentre	während
in quel mentre	inzwischen
meravigliarsi	sich wundern
ciò non mi meraviglia	das wundert mich nicht
il mercato	der Markt
mercato comune europeo (MEC)	europäische Wirtschaftsgemeinschaft (EWG)
a buon mercato	billig, preisgünstig

mercato all'ingrosso	Großmarkt
la merce	die Ware
tenere una merce	eine Ware führen
merce lavorata	Fertigware
meritare	verdienen, sich lohnen
non merita farlo	es lohnt sich nicht
se l'è meritato	es geschieht ihm recht
il merito	das Verdienst
in merito a	in bezug auf
in merito	diesbezüglich, betreffend
secondo il merito	nach Verdienst
entrare in merito	auf eine Sache eingehen, zur Hauptsache kommen
Dio gliene renda merito!	Vergelt's Gott!
il mese	der Monat
al mese	monatlich
di mese in mese	von Monat zu Monat
mese per mese	Monat für Monat
ogni due mesi	alle zwei Monate
all'inizio del mese	Anfang des Monats
il messaggio	die Botschaft, die Nachricht, die Rede
il mestiere	das Handwerk, der Beruf
di mestiere	von Beruf
uno del mestiere	einer vom Fach
essere del mestiere	vom Fach sein
la meta	das Ziel
la metà	die Hälfte, halb
per/a metà	zur Hälfte
dividere a metà	halbieren
fare a metà	(zur Hälfte) teilen
il metallo	das Metall
di metallo	aus Metall
metter(si)	(sich) stellen, legen, setzen
mettersi a letto	sich zu Bett legen
la mezzanotte	die Mitternacht
a mezzanotte	um Mitternacht
mezzo	halb
uno e mezzo	anderthalb
due e mezzo	zweieinhalb
sono le tre e mezzo	es ist halb vier
via di mezzo	Mittelweg

in mezzo	in der Mitte
il mezzo	die Mitte, das Mittel
il mezzo di comunicazione	das Verkehrsmittel
il mezzogiorno	der Mittag
a mezzogiorno	zu Mittag
mica	überhaupt, ja nicht, gar nicht
non l'ho mica detto	ich habe es ja nicht gesagt
il miglioramento	die Besserung
buon miglioramento!	gute Besserung!
migliorar(si)	(sich) verbessern
migliore lo stipendio	das Gehalt aufbessern
è migliorato	es geht ihm besser
la minaccia	die Drohung
sotto minaccia	unter Androhung
la minoranza	die Minderheit
esser in minoranza	in der Minderheit sein
il minuto	die Minute
contare i minuti	die Minuten zählen
la miseria	das Elend, die Armut, die Not
piangere miseria	jammern
il mistero	das Geheimnis
fare mistero di qualcosa	etwas verheimlichen
mite	mild, sanft, mäßig
il mittente	der Absender
il mobile	das Möbelstück, die Möbel
la moda	die Mode
alla moda	nach der Mode
è di moda	es ist Mode
passare di moda	aus der Mode kommen
moderno	modern, neu, aktuell
lingue mòderne	moderne Sprachen
modesto/modestamente	bescheiden, einfach, gering
il modo	die Art, die Weise
ad ogni modo	auf jeden Fall
in questo modo	auf diese Weise
in che modo?	wie?
in certo qual modo	gewissermaßen
per modo di dire	sozusagen
il modulo	das Formular
compilare un modulo	ein Formular ausfüllen
la moglie	die (Ehe-)Frau, die Gattin
molestare	belästigen

molto   viel, sehr
    molto avanti   weit vorne
    molto dopo   lange danach
    da molto   seit langem
    fra non molto   binnen kurzem
il momento   der Moment, der Augenblick
    da quel momento   seitdem
    per il momento   vorläufig
    aspetti un momento!   warten Sie einen Augenblick!
il mondo   die Welt
la montagna   der Berg, das Gebirge
    alta montagna   Hochgebirge
mordere   beißen
    mordersi le labbra   sich auf die Lippen beißen
morire (di)   sterben (an)
la morte   der Tod
morto   tot
    sono stanco morto   ich bin todmüde
la mostra   die Ausstellung
    mostra campionaria   Mustermesse
mostrare   zeigen
il motivo   der Grund, die Ursache, der Anlaß
    per questo motivo   aus diesem Grund
il motore   der Motor
    accendere il motore   den Motor anlassen
    il motore non parte   der Motor springt nicht an
    fermare il motore   den Motor abstellen
il movimento   die Bewegung, der Verkehr
    il movimento dei viaggiatori è grande   der Reiseverkehr ist groß
la multa   die Geldstrafe
il municipio   das Rathaus, die Gemeinde
muovere   bewegen, rühren
    muovere accusa   Anklage erheben
    muoviamoci!   gehen wir!
il muro   die Mauer, die Wand
la musica   die Musik
mutare   ändern, wechseln, verändern
muto   stumm, schweigsam, sprachlos

N

nascere — geboren werden, entspringen, aufkommen
  nasce un dubbio — ein Zweifel kommt auf
  l'Isarco nasce al Brennero — der Eisack entspringt am Brenner

la nascita — die Geburt, der Wurf
  fin dalla nascita — von Geburt an
  luogo di nascita — Geburtsort
  italiano di nascita — ein gebürtiger Italiener
  la nascita di 5 gattini — der Wurf von 5 Kätzchen

nascondere — verstecken, verbergen
  non Le nascondo che... — ich will Ihnen nicht verhehlen, daß...

il naso — die Nase, die Schnauze

il nastro — das Band, der Streifen
  nastro registratore — Tonband

il Natale — (die) Weihnacht, Weihnachten
  a Natale — zu Weihnachten
  buon Natale! — frohe Weihnachten!

nato — geboren

la natura — die Natur
  per natura — von Natur aus
  secondo natura — naturgemäß

naturale/naturalmente — natürlich, echt, freilich
  è naturale — es ist selbstverständlich

la nave — das Schiff

la nazione — die Nation, der Staat, das Land

ne — davon, darüber, damit
  non ne parla — er spricht nicht davon
  ne mancano due — es fehlen zwei (davon)
  cosa ne faccio? — was soll ich damit anfangen?

nè ... nè — weder ... noch
  nè carne nè pesce — weder Fleisch noch Fisch

neanche — auch nicht, nicht einmal
  neanche lontanamente — nicht im entferntesten

la nebbia — der Nebel
  la nebbia cala — der Nebel senkt sich
  la nebbia si dirada — der Nebel verzieht sich

necessario — notwendig, nötig

la necessità — die Notwendigkeit, das Bedürfnis, der Bedarf
- articolo di prima necessità — Bedarfsartikel
- per necessità — aus Not
- in caso di necessità — im Notfall

il negozio — das Geschäft, der Laden

il nemico — der Feind
- egli mi è nemico — er ist mir feind

nemmeno — auch nicht, nicht einmal

nero — schwarz

nervoso — nervös, reizbar
- esaurimento nervoso — Nervenzusammenbruch
- mi fa venire il nervoso — es macht mich nervös
- gli viene il nervoso — er wird nervös

nessuno — niemand, keiner
- non c'era nessuno — es war niemand da

la neve — der Schnee

nevicare — schneien

il/la nipote — der Neffe/die Nichte; der Enkel/die Enkelin

no — nein
- se no non vengo — sonst komme ich nicht
- no di certo! — gewiß nicht!
- speriamo di no — hoffentlich nicht

noioso — langweilig, lästig

il noleggio — die Miete
- autonoleggio — Autoverleih
- auto da noleggio — Mietauto
- contratto di noleggio — Leihvertrag
- prendere a noleggio — mieten

il nome — der Vorname, der Name(n)
- in nome di mio fratello — im Namen meines Bruders
- sotto il nome — unter dem Namen
- la conosco di nome — ich kenne sie dem Namen nach
- di nome Carlo — namens (mit Namen) Karl

non — nicht
- non ... mai — nie
- non ... niente — nichts
- non ... nulla — nichts

la nonna — die Großmutter

il nonno — der Großvater

i nonni	die Großeltern
il nord	der Norden
verso nord	gegen (nach) Norden
a nord di…	nördlich von…
notare	aufzeichnen, notieren, merken, bemerken
le faccio notare che…	ich mache Sie darauf aufmerksam, daß…
la notizia	die Nachricht, die Kunde
dare notizia di sè	von sich hören lassen
noto	bekannt
ben noto	wohlbekannt
far noto	bekanntmachen
la notte	die Nacht
di notte	nachts
domani notte	morgen nacht
si fa notte	es wird Nacht
a tarda notte	spät in der Nacht
nel cuore della notte	mitten in der Nacht
nubile (donna)	ledig
nulla	nichts
il numero	die Zahl, die Nummer
il maggior numero	der Großteil, die meisten
numeroso	zahlreich
nuotare	schwimmen
nuovo	neu
che c'è di nuovo?	was gibt es Neues?
di nuovo	wieder
nutrire	nähren, ernähren
la nuvola	die Wolke
è nuvoloso	es ist bewölkt

O

o	oder
o … o	entweder … oder
o scrivo o vengo	entweder ich schreibe oder ich komme
obbligare	verpflichten
l'obbligo, gli obblighi	die Pflicht, die Verpflichtung
sentirsi in obbligo verso qualcuno	sich jemandem gegenüber verpflichtet fühlen

obiettare — einwenden, entgegnen
l'occasione — die Gelegenheit
   in occasione di — anläßlich (+ Gen.)
   alla prima occasione — bei der ersten Gelegenheit
gli occhiali — die Brille, die Augengläser
   gli occhiali da sole — die Sonnenbrille
l'occhio, gli occhi — das Auge
   a quattro occhi — unter vier Augen
   perdere d'occhio — aus den Augen verlieren
l'occidente — der Westen
   a occidente di — westlich von
   a occidente — nach/im Westen
occuparsi (di) — besetzen, sich beschäftigen, sich kümmern (um)
occupato — besetzt, beschäftigt
   sono molto occupato — ich bin sehr beschäftigt
   tutto occupato — alles besetzt
l'odio — der Haß
   essere in odio — verhaßt sein
odorare — riechen
l'odore — der Geruch
offendere — beleidigen
l'offesa — die Beleidigung
l'offerta — das Angebot, die Spende
   offerta e richiesta — Angebot und Nachfrage
   offerta speciale — Sonderangebot
l'officina — die Werkstatt/Werkstätte
   officina meccanica — Mechanikerwerkstätte
offrire — (an)bieten, darbieten
l'oggetto — der Gegenstand, das Ding
oggi — heute
   da oggi in poi — von heute an, ab heute
   oggi a otto — heute über acht Tage
ogni — jeder, jede, jedes
   ogni tanto — ab und zu
   ad ogni costo — um jeden Preis
l'olio — das Öl
   olio combustibile — Heizöl
oltre — außer, über
   oltre al direttore c'era il segretario — außer dem Direktor war der Sekretär da

oltre a ciò	außerdem
l'ombra	der Schatten
all'ombra	im Schatten
c'è l'ombra	es ist schattig
l'ombrello	der Schirm
onesto/onestamente	ehrlich, anständig
prezzo onesto	angemessener Preis
l'opera	das Werk, die Oper
opere pubbliche	öffentliche Arbeiten
l'operaio/a	der Arbeiter/die Arbeiterin
l'operazione	die Handlung, die Operation
l'opinione	die Meinung, die Ansicht
secondo la mia opinione	meiner Meinung nach
opportuno	zweckmäßig, angebracht
opposto	entgegengesetzt, gegensätzlich
all'opposto	im Gegenteil
ora	nun, jetzt
d'ora in poi	von jetzt an
l'ora	die Stunde, die Uhrzeit
di buon ora	früh
orale/oralmente	mündlich
all'esame orale	bei der mündlichen Prüfung
l'orario	der (Fahr)plan, die Zeit
orario scolastico	Stundenplan
l'orario dei negozi	die Geschäftszeiten
in orario	pünktlich
ordinare	bestellen, befehlen, verschreiben
l'ordine	die Bestellung, der Befehl, die Ordnung
in ordine	ordentlich, in Ordnung
ordine del giorno	Tagesordnung
mettere in ordine	in Ordnung bringen
mettersi in ordine	sich zurechtmachen
l'orecchio, gli orecchi	das Ohr, das Gehör
avere molto orecchio	ein gutes Gehör haben
organizzare	organisieren, veranstalten
l'oriente/est	der Osten
a oriente di…	östlich von…
il Vicino Oriente	der Nahe Osten
in oriente	im/nach Osten
l'oro	das Gold
d'oro	golden, aus Gold

l'orologio	die Uhr
osare	wagen, sich getrauen
l'ospedale	das Spital, Krankenhaus
l'ospite	der Gastgeber, der Gast
osservare	beobachten, betrachten
	bemerken, beachten
l'osso/le ossa	der Knochen, das Bein
fino alle ossa	bis auf die Knochen
l'oste	der Gastwirt, der Wirt
l'osteria	das Gasthaus, das Wirtshaus
ostile	feindlich
ottenere	erhalten, kriegen, bekommen

P

il pacco, i pacchi	das Paket
un pacchetto di sigarette	ein Päckchen Zigaretten
la pace	der Frieden, die Ruhe
lasciami in pace!	laß mich in Ruhe!
il padre	der Vater
il padrone	der Herr
il paesaggio	die Landschaft
il paese	das Land, das Dorf, die Ortschaft
la paga	der Lohn, das Gehalt
pagare	(be)zahlen, auszahlen, einzahlen
il pagamento	die Zahlung
la pagella	das (Schul-)Zeugnis
la pagina	die Seite
a pagina…	auf Seite…
il paio, le paia	das Paar
un paio di scarpe	ein Paar Schuhe
un paio di mele	ein paar Äpfel
pallido	blaß
il pallone	der Fußball
giocare al pallone	Fußball spielen
la pancia	der Brauch
il pane	das Brot
i pantaloni	die Hose/Hosen
il papa	der Papst
paragonare	vergleichen

il paragone — der Vergleich
   a paragone di altri — im Vergleich zu anderen
   senza paragone — unvergleichlich
   non c'è paragone — kein Vergleich
parcheggiare — parken
parecchio, parecchi — ziemlich viel, ziemlich lange, mehrere

il/la parente — der/die Verwandte
   un mio parente — ein Verwandter von mir
parere — scheinen, meinen, glauben
   che ti pare? — was meinst du?
la parete — die Wand
   fra le pareti domestiche — innerhalb der eigenen vier Wände

parlare — sprechen, reden
   lingua parlata — Umgangssprache
   la lingua materna — die Muttersprache
la parola — das Wort
la parte — der Teil, die Seite, die Rolle
   scambiare le parti — die Rollen tauschen
il partecipante — der Teilnehmer, der Beteiligte
partecipare (a) — teilnehmen (an), bekanntgeben
la partecipazione — die Teilnahme, die Mitteilung
   partecipazione di nozze — Hochzeitsanzeige
la partenza — die Abreise, die Abfahrt, der Abflug, der Start

partire — abreisen, abfahren, starten, gehen

la partita — das Spiel, der Posten
   la partita di calcio — das Fußballspiel
il partito — die Partei
Pasqua — Ostern
   buona Pasqua! — fröhliche Ostern!
   a Pasqua — zu Ostern
il passaggio — der Durchgang, die Durchfahrt, die Durchreise
   dare un passaggio a qualcuno — jemanden mitnehmen (im Auto)
   passaggio a livello — Bahnübergang
il passaporto — der (Reise-)Paß
passare — vorbeigehen, vorbeifahren, vorbeikommen, übergehen

passiamo a un altro punto!	gehen wir zu einem anderen Punkt über!
il passatempo	der Zeitvertreib
passato	vergangen, vorig, früher
l'anno passato	voriges Jahr
è passato	es ist vorbei
moda passata	überholte Mode
la passeggiata	der Spaziergang, die Spazierfahrt
la passione	die Leidenschaft
il passo	der Paß, der Schritt
il passo del Brennero	der Brennerpaß
il pasto	die Mahlzeit
la patata	die Kartoffel
la patente	der Führerschein (Auto)
la patria	das Vaterland, die Heimat
la paura (di)	die Angst (vor)
niente paura!	nur keine Angst!
la pausa	die Pause
il pavimento	der Fußboden, der Boden
la pazienza	die Geduld
il peccato	die Sünde
peccato!	schade!
il pedone	der Fußgänger
peggio	schlechter, schlimmer
tanto peggio	um so schlimmer
la pelle	die Haut, das Leder, das Fell
borsa di pelle	Ledertasche
malattia della pelle	Hautkrankheit
pelle di tigre	Tigerfell
la pena	die Strafe
sotto pena	bei Strafe
a malapena	mit knapper Not
pendere	hängen, schweben
la pensiola	die Halbinsel
la penna	die Feder
la penna biro	der Kugelschreiber
pensare (a)	denken (an), sorgen (für)
pensare bene di qualcuno	von jemandem gut denken
il pensiero (di)	der Gedanke (an)
la Pentecoste	Pfingsten, das Pfingstfest
per	für, wegen

per sempre	für immer
per che cosa	wofür?
per questo	dafür
per il brutto tempo	wegen des schlechten Wetters
per conto mio	was mich betrifft, meinetwegen
perché	warum? weil
perché mai?	wieso denn?
perché non sei venuto?	warum bist du denn nicht gekommen?
…perché sono stanco	…weil ich müde bin
perciò	daher, deshalb, darum
percuotere	hauen, schlagen
perdere	verlieren, versäumen, verpassen
ho perso la penna	ich habe die Feder verloren
ho perso il treno	ich habe den Zug versäumt
la perdita	der Verlust, der Ausfall
perdita di produzione	Produktionsausfall
perdonare	verzeihen, vergeben
perfetto/perfettamente	vollkommen, einwandfrei
il perfezionamento	die Vervollkommnung
corso di perfezionamento	Fortbildungskurs
perfezionare	vervollkommnen
perfino	sogar, selbst
il pericolo	die Gefahr
fuori pericolo	außer Gefahr
pericoloso	gefährlich, gefahrvoll
per lo più	meistens
vado per lo più a piedi	ich gehe meistens zu Fuß
il periodo	der Zeitabschnitt, das Satzgefüge, die Zeit
periodo d'istruzione	Ausbildungszeit
la perizia	das Gutachten
il permesso	die Erlaubnis
essere in permesso	in Urlaub sein
permettere	erlauben, gestatten
pernottare	übernachten
però	aber, jedoch
la persona	die Person
personale/personalmente	persönlich
persuadere	überzeugen
pesante	schwer (Gewicht)
pesare	wiegen

quanto pesa?	wie schwer ist es?
un lavoro pesante	eine anstrengende Arbeit
pescare	fischen, erwischen
mi ha pescato!	er hat mich erwischt!
il pesce	der Fisch
il peso	das Gewicht
vendere a peso	nach Gewicht verkaufen
pettinar(si)	(sich) kämmen
il petto	die Brust, der Busen
il pezzo	das Stück
un pezzo di pane	ein Stück Brot
piacere	gefallen, schmecken
fa come ti piace!	tu, wie du willst!
questo libro mi è piaciuto	dieses Buch hat mir gefallen
a me piace così	mir paßt es so
piacevole	angenehm, erfreulich, hübsch
piangere	weinen
piano	langsam, leise, flach
parla piano!	sprich leise!
un piatto piano	ein flacher Teller
il piano	das Stockwerk, das Klavier
suonare il piano	Klavier spielen
la pianta	die Pflanze, der Plan, Skizze
la pianta della città	der Stadtplan
piantare	(ein)pflanzen, anbauen, bebauen
piantala!	hör auf!
il pianterreno	das Erdgeschoß
la pianura	die Ebene
il piatto	der Teller, das Gericht
il piatto di carne	ein Fleischgericht
la piccolezza	die Kleinigkeit
piccolo	klein
il piede	der Fuß
a piedi	zu Fuß
in piedi	im Stehen
a piede libero	auf freiem Fuß
piegare	biegen, beugen, falten
piegare le ginocchia	die Knie beugen
piegare la carta	Papier falten
pieno (di)	voll (von)
la pietà	das Mitleid, das Erbarmen
per pietà	aus Erbarmen

la pietra — der Stein
  di pietra — steinern
pigliare — nehmen, packen, fassen
pigro — faul, träge
pio — fromm
la pioggia — der Regen
  con questa pioggia — bei diesem Regen
piovere — regnen
  piove a dirotto — es gießt
la piscina — das Schwimmbad
pitturare — anmalen, bemalen, streichen, anstreichen
pitturarsi — sich schminken
più — mehr
  per di più — außerdem
  per lo più — meistens
  tanto più — um so mehr
piuttosto — eher, lieber, vielmehr
poco/po' — wenig, ein wenig
  poco dopo — bald darauf
  a poco a poco — nach und nach, allmählich
il poeta — der Dichter
poi — dann, nachher, danach
  prima o poi — früher oder später
poiché — da, denn, nachdem
politico — politisch
  uomo politico — Politiker, Staatsmann
la polizia — die Polizei
la polvere — der Staub, das Pulver
il pomeriggio — der Nachmittag
  nel/al pomeriggio — am Nachmittag
  di pomeriggio — nachmittags
i pompieri — die Feuerwehr, die Feuerwehrmänner
il ponte — die Brücke
la popolazione — die Bevölkerung
il popolo — das Volk
  popolo civile — Kulturvolk
porre — setzen, legen, stellen, stecken
  porre domanda — eine Frage stellen
  porre termine — beenden
la porta — die Tür

il portabagagli — der Kofferraum, der Gepäckträger

il portafoglio — die Brieftasche

portare — tragen, bringen
- portare con sè — mitnehmen, mitbringen

il porto — der Hafen, die Fracht

la posizione — die Lage, die Stellung, Stellungnahme

possibile/possibilmente — möglich, womöglich
- rendere possibile — möglich machen, ermöglichen
- non è possibile — es ist unmöglich

la possibilità — die Möglichkeit

la posta — die Post
- a bella posta — absichtlich
- per posta aerea — per Luftpost
- con la posta normale — mit gewöhnlicher Post

il postino — der Briefträger

il posto — der Platz, der Ort, die Stelle
- al posto suo — an seiner Stelle
- tutto è a posto — alles ist in Ordnung

potente — mächtig, kraftvoll

la potenza — die Macht, die Leistung

potere — können, vermögen, dürfen
- egli può molto — er vermag viel
- si può? — ist es gestattet?; darf man?;
- non poter far a meno di ... — nicht umhin können zu

povero (di) — arm (an)
- povero me! — ich Armer!

il pranzo — das Mittagessen
- dopo pranzo — nach Tisch
- andare a pranzo — zu Tisch (zum Essen) gehen
- abbiamo gente a pranzo — wir haben Gäste zu Tisch (zum Mittagessen)

pratico/praticamente — praktisch, erfahren, bewandert
- essere pratico di — Bescheid wissen über

il prato — die Wiese, der Rasen

precedente — vorhergehend, vorig
- il giorno precedente — am Tag vorher
- nel telegramma precedente — im vorigen Telegramm

la precedenza — die Vorfahrt, der Vortritt
- in precedenza — im voraus

    dare la precedenza   Vorfahrt beachten
precisare genau angeben, bestimmen
preciso/precisamente genau
    e precisamente   und zwar
il predecessore der Vorgänger
    i predecessori   die Vorfahren
preferire vorziehen
pregare bitten, beten
    prego Dio   ich bete zu Gott
    farsi pregare   sich bitten lassen
    pregano per la pioggia   sie beten um den Regen
la preghiera die Bitte, das Gebet
    ho da farLe una preghiera   ich habe eine Bitte an Sie
il pregiudizio das Vorurteil, der Aberglaube
premere drücken, treten
    mi preme che...   es liegt mir daran, daß...
la premessa die Voraussetzung
il premio der Preis, die Belohnung, Prämie
    premio Nobel   Nobelpreis(träger)
la premura die Eile, die Bemühung
    non c'è premura   es eilt nicht
    darsi premura   sich bemühen
    farsi premura   sich beeilen
prendere nehmen, ergreifen, fassen
    prendere fotografie   aufnehmen
    prendersi una malattia   sich eine Krankheit holen
    andare a prendere   holen, abholen
    prendere con sè   mitnehmen
    prendersela/a cuore   sich aufregen/es sich zu Herzen nehmen
    quanto prendi al mese?   wieviel verdienst du monatlich?
prenotare vormerken, reservieren, buchen
preoccuparsi (di) sich Sorge machen (um), sich kümmern (um)
    non si preoccupi di ciò! (non se ne...)   machen Sie sich keine Gedanken darüber!
la preoccupazione die Sorge, der Kummer
preparar(si) (a) (sich) vorbereiten, (auf)
    sich fertigmachen
la preparazione die Vorbereitung
    preparazione professionale   Berufsausbildung

in preparazione	in Vorbereitung
prepotente	gewalttätig, überheblich
prescrivere	verschreiben, verordnen, vorschreiben
presentar(si)	(sich) vorstellen, (sich) melden, vorzeigen
presentare una domanda	ein Gesuch einreichen
il presente	die Gegenwart
presente	anwesend, zugegen, dabei
presente!	hier!
presente me	in meiner Gegenwart
al presente	jetzt, zur Zeit
con la presente	hiermit
pressapoco	ungefähr, beiläufig
la pressione	der Druck
pressione del sangue	Blutdruck
presso	bei, neben
presso di noi	bei uns
press'a poco	ungefähr
abita presso la scuola	er wohnt in der Nähe (neben) der Schule
prestare	leihen, borgen, leisten
prestare denaro	Geld leihen
prestare aiuto	Hilfe leisten
la prestazione	die Leistung
presto	schnell, rasch, früh, bald
presto o tardi	früher oder später
a presto!	auf bald!
presupporre	voraussetzen, vermuten
pretendere	verlangen, fordern beanspruchen, wollen
la pretesa	der Anspruch, die Zumutung
senza pretese	anspruchslos
prevenire	vorbeugen
è prevenuto	er ist voreingenommen
il prezzo	der Preis
a buon prezzo	billig
prezzi fissi	feste Preise
a qualunque prezzo	um jeden Preis
prima	vorher, zuerst, früher; vor
la primavera	der Frühling
principale	hauptsächlich, Haupt…

cosa principale	Hauptsache
il principio	der Anfang, der Beginn
	das Prinzip
al/da principio	anfangs
per principio	aus Prinzip
il problema	das Problem, die Frage
il problema della Germania	die Deutschlandfrage
procurare	(sich) verschaffen, bereiten, verursachen
produrre	erzeugen
la professione	der Beruf
che professione esercita?	was sind Sie von Beruf?
il professore	der Professor
il professore di tedesco	der Deutschprofessor
il profitto	der Gewinn
profondo/profondamente	tief, gründlich
il programma	das Programm
il progresso	der Fortschritt
proibire	verbieten, untersagen
la promessa	das Versprechen
promettere	versprechen
pronto	fertig, bereit
sei pronto?	bist du fertig?
la pronuncia	die Aussprache
proporre	vorschlagen, beantragen
la proprietà	das Eigentum, der Besitz
parlare con proprietà	korrekt sprechen
proprio/propriamente	eigen, eigentlich, gerade
la prospettiva	die Aussicht, die Perspektive
prossimamente	nächstens, demnächst
prossimo	nächst
protestare	protestieren, beteuern
la prova	die Probe, der Versuch, der Beweis
prova d'amicizia	Freundschaftsbeweis
provare	probieren, prüfen, beweisen, versuchen, kosten
provvedere	verschaffen, besorgen, sorgen (für), wahrnehmen
provvisorio/provvisoriamente	provisorisch, vorläufig
prudente/prudentemente	vorsichtig, klug
pubblico	öffentlich

per il bene pubblico	zum öffentlichen Wohl
pulire	reinigen, putzen
pulito	rein, sauber
la punta	die Spitze, der Stich
a punta	spitzig
in punta	an/auf der Spitze
il punto	der Punkt
punto di vista	Standpunkt
a che punto sei?	wie weit bist du?
puntuale/puntualmente	pünktlich
purtroppo	leider

Q

il quaderno	das Heft
il quadro	das Bild
a quadri	kariert
qualche	irgend
qualche volta	manchmal
in qualche luogo	irgendwo
in qualche modo	irgendwie
qualche giorno	einige Tage
qualcosa	etwas
hai qualcos'altro da dirmi?	hast du mir noch etwas zu sagen?
qualcuno, alcuni	jemand, irgend jemand; irgendeiner, irgendeine, irgendeines
quale	welcher? was für ein?
è rimasto qual'era	er ist geblieben, wie er war
la qualità	die Qualität, die Eigenschaft
di cattiva qualità	minderwertig
di prima qualità	erstklassig
qualunque	beliebig, jeder, irgendein
quando	wann? wenn, als
di quando in quando	dann und wann, ab und zu
quando vieni?	wann kommst du?
quando glielo dissi, ...	als ich es ihm sagte, ...
quanto	wieviel
quanto fa?	was macht das?
il quartiere	das (Stadt-)Viertel

quasi	fast, beinahe
quello/quella	jener, jene, jenes
la questione	die Sache, die Frage, die Angelegenheit
la cosa in questione	die betreffende Sache
questo/questa	dieser, diese, dieses
in questo	darin
su questo	darüber
qui/qua	hier, da
di qui	hiesig, von hier
vieni qua!	komm her!
quindi	also, dann, daher
quotidiano	täglich
il pane quotidiano	das tägliche Brot
il quotidiano	die Tageszeitung

R

raccogliere	aufheben, sammeln, ernten, versammeln, pflücken
raccogli la carta!	heb das Papier auf!
raccomandare	empfehlen, (an)raten
la raccomandata	der Einschreibebrief, der eingeschriebene Brief
spedire per raccomandata	per Einschreiben schicken
raccontare	erzählen, berichten
il racconto	die Erzählung
racconto dal vero	Tatsachenbericht
radere	rasieren
la radice	die Wurzel
estrarre la radice	Wurzel ziehen
la radio	das Radio, der Rundfunk
il giornale radio	die Nachrichten (Radio)
il raffreddore	der Schnupfen, die Erkältung, die Verkühlung
il ragazzo/la ragazza	der Bub, der Junge/das Mädchen
la ragione	das Recht, die Vernunft
a ragione	mit Recht
per quale ragione?	aus welchem Grunde?
aver ragione	recht haben
raggiungere	einholen, nachkommen

io ti raggiungo	ich komme nach
rallegrarsi	sich freuen
mi rallegro	ich gratuliere
rammaricarsi	bekümmert sein, bedauern
il ramo	der Zweig, der Stamm, das Fach
ramo commerciale	Handelszweig
e pratico nel suo ramo	er ist in seinem Fach bewandert
il rappresentante	der Vertreter
rappresentante esclusivo	Alleinvertreter
rappresentare	darstellen, beschreiben, vertreten
che cosa rappresenta per te la macchina?	was bedeutet das Auto für dich?
raro/raramente	selten
è raro che...	es kommt selten vor, daß...
rassegnarsi	sich abfinden
la razza	die Rasse
di pura razza	reinrassig
che razza di gente!	was für Leute!
realizzare	verwirklichen, durchführen, erzielen
il reato	die Straftat, das Vergehen
recarsi	sich begeben
reclamare	fordern, verlangen
il reddito	das Einkommen, der Ertrag
denuncia dei redditi	Steuererklärung
regalare	schenken, verschenken
il regalo	das Geschenk
la regione	die Region
regione autonoma	autonome Region
regnare	regieren, herrschen
regolare/regolarmente	regelmäßig
regolarsi	sich verhalten, sich benehmen, sich richten
la relazione	der Bericht, die Beziehung, das Verhältnis, die Verbindung
relazione annuale	Jahresbericht
in relazione a...	mit Bezug auf...
rendere	zurückgeben, erwidern, erweisen
rendere contento	zufriedenstellen
rende poco	er leistet wenig
il rendimento	die Leistung, Ertragsfähigkeit

la rendita	die Rente, das Einkommen
il reparto	die Abteilung
reparto libri	Bücherabteilung
reparto pubblicità	Werbeabteilung
la residenza	der Wohnsitz, der Wohnort
resistere	aushalten, sich wehren, Widerstand leisten
respingere	ablehnen, zurückweisen, zurückschlagen
respirare	atmen
restare	bleiben, verbleiben
non è restato niente?	ist nichts übrig geblieben?
il resto	der Rest
del resto	übrigens
retribuire	bezahlen, vergüten, entlohnen
ricavare	gewinnen, herausholen
ricco/ricchi (di)	reich (an)
la ricerca	die Nachforschung, die Suche, die Ermittlung
ricevere	erhalten, bekommen
la ricetta	das Rezept
il ricevimento	der Empfang
la ricevuta	der Empfangsschein, die Quittung
la richiesta	die Anfrage, das Verlangen, der Antrag
la ricompensa	die Belohnung, der Lohn
riconoscere	wiedererkennen, erkennen (an), anerkennen
lo riconosco dalla voce	ich erkenne ihn an der Stimme
il suo lavoro fu riconosciuto	seine Arbeit wurde anerkannt
ricordar(si) (di)	(sich) erinnern (an)
mi ricordo del nonno	ich erinnere mich an den Großvater
ricoverare	aufnehmen, einliefern
ridere	lachen
ridere di qualcuno	über jemanden lachen
ridurre	einschränken, kürzen, reduzieren
il riferimento	der Hinweis, die Beziehung
riferir(si)	(sich) beziehen (auf) berichten
riferendomi a...	mit Bezugnahme auf...
la riflessione	die Überlegung, die Betrachtung

riflettere — überlegen, widerspiegeln, widergeben, nachdenken
- rifletti un po'! — denk mal nach!
- ci rifletterò — ich will es mir überlegen

rifiutar(si) — ablehnen, zurückweisen, sich weigern

il riguardo — die Rücksicht, die Vorsicht
- mancanza di riguardo — Rücksichtslosigkeit
- aversi riguardo — sich schonen

rilevare — übernehmen, erheben, entnehmen, betonen
- è stato rilevato che... — es wurde festgestellt daß...

rimproverare — vorwerfen, Vorwürfe machen

rimorchiare — schleppen, abschleppen

rinfacciare — vorhalten, vorwerfen

ringraziare (di) — danken (für), sich bedanken (für)
- La ringrazio del libro — ich danke Ihnen für das Buch

la rinuncia — der Verzicht, die Aufgabe

rinunciare (a) — verzichten (auf), aufgeben
- ci rinuncio — ich verzichte darauf

ripetere — wiederholen

ripido — steil

riportare — wieder bringen, berichten
- riportare danno — Schaden erleiden
- riportare ferite — sich Verletzungen zuziehen

riposar(si) — (sich)ausruhen

il riposo — die Ruhe
- a riposo — im Ruhestand
- senza riposo — ruhelos

riprender(si) — wieder nehmen, zurechtweisen, aufnehmen, sich erholen

riscaldamento — die Heizung
- riscaldamento centrale — Zentralheizung
- impianto di riscaldamento — Heizanlage

riscaldare — erwärmen, heizen, aufwärmen
- riscaldare la stanza — das Zimmer heizen
- riscaldare i cibi — die Speisen aufwärmen

il rischio, i rischi — die Gefahr, das Risiko
- a rischio di... — auf die Gefahr hin, zu...

riscontrare — vergleichen, (nach)prüfen, durchsehen

riservare — reservieren

risoluto — entschlossen
risolvere — lösen
risparmiare (si) — sparen, schonen
   ha lavorato, ora deve risparmiarsi — er hat gearbeitet, jetzt muß er sich schonen
rispondere (a) — antworten (auf)
la risposta — die Antwort
ristabilirsi — sich erholen
il ristorante — das Gasthaus, die Gaststätte, das Restaurant

il risultato — das Ergebnis, das Resultat
ritardare — verzögern, sich verspäten, nachgehen
   il mio orologio ritarda — meine Uhr geht nach

il ritardo — die Verspätung
   l'autobus ha ritardo — der Bus hat Verspätung
   senza ritardo — unverzüglich

ritenere — zurückhalten, halten, meinen
ritirar(e), -si — zurückziehen, zurücknehmen
ritornare — zurückkommen/-gehen/-fahren
la riunione — die Vereinigung, die Versammlung
   sala delle riunioni — Sitzungssaal
riunir(e), -si — vereinigen, versammeln

riuscire — gelingen, gut ausfallen
   riuscire facile, difficile — leicht, schwer fallen
   riuscire a passare — durchkommen
   ci sono riuscito — es ist mir gelungen
   riuscire male — mißlingen

rivolger(si) — sich wenden, sich richten
rivoltar(si) — (sich) umdrehen, sich auflehnen
rompere — brechen, zerbrechen
   rompersi il capo — sich den Kopf zerbrechen
   rompere le relazioni — die Beziehungen abbrechen
rosso — rot
rotto — kaputt
rubare — stehlen
   non rubare! — du sollst nicht stehlen!
il rumore — das Geräusch, der Krawall, der Lärm
   senza rumore — geräuschlos

S

il sacco — der Sack
il sacerdote — der Priester
il sacrificio — das Opfer, die Entsagung
santo/santamente — heilig
la sala — der Saal
   sala da pranzo — Speisesaal
   sala d'aspetto — Wartesaal
il salario — der Lohn
   salario base — Grundlohn
il sale — das Salz
salire — einsteigen, besteigen, hinaufsteigen
   salgo in treno — ich steige in den Zug ein
saltare — springen, übergehen, durchbrennen
   saltare un nome — einen Namen überspringen
salutare — (be)grüßen
la salute — die Gesundheit, das Wohl
   salute! — Gesundheit!
   alla salute! — zum Wohl!
il saluto — der Gruß
   distinti saluti — hochachtungsvoll
   saluti cordiali — herzliche Grüße
salvare — retten
   salvare l'apparenza — den Schein wahren
il sangue — das Blut
   a sangue freddo — kaltblütig
   fare sangue — bluten
sano — gesund, heil
   stia sano! — bleiben Sie gesund!
sapere — wissen, können, erfahren, schmecken, bescheid wissen
   non so — ich weiß es nicht
   sa tradurre — er kann übersetzen
   ho saputo che tuo padre arriverà domani — ich habe erfahren, daß dein Vater morgen ankommt
   sa di sale — es schmeckt nach Salz
il sapone — die Seife
il sapore — der Geschmack

sbagliare — (sich) irren
  sbagliare il conto — sich verrechnen
  sbagliare parlando — sich versprechen
  sbagliare scrivendo — sich verschreiben
  ho sbagliato numero — falsch verbunden (Telefon)
sbagliato — falsch
sbrigare — abfertigen, erledigen
sbrigarsi — sich beeilen, schnell machen
  se l'è sbrigato da solo — er ist allein damit fertiggeworden

la scadenza — die Fälligkeit, der Ablauf, der Verfall
  alla scadenza — bei Verfall
  a breve scadenza — kurzfristig
lo scaffale — das Regal
  scaffale dei libri — Bücherregal
la scala — die Stiege, die Treppe
  su scala nazionale — auf nationaler Ebene
  a scala — stufenweise
  scala interna di servizio — Innentreppe, Nebentreppe
scambiare — (aus-, ein-, um-, ver-)tauschen, verwechseln
  scambiare qualche parola — einige Worte wechseln
scappare — entweichen, weglaufen, entfallen, unterlaufen
  mi è scappato un errore — ein Fehler ist mir unterlaufen
scaricare — (sich) entladen, ausladen,
la scarpa — der Schuh
  un paio di scarpe — ein Paar Schuhe
scarso — knapp, gering
la scatola — die Schachtel, die Büchse, die Dose
  carne in scatola — Büchsenfleisch
scegliere — aussuchen, wählen
  non c'è da scegliere — es gibt keine Wahl
la scelta — die Wahl, die Auswahl
  a scelta — nach Belieben
  per la scelta — zur Auswahl
scendere — hinabsteigen, heruntergehen, herabgehen

lo scherzo — der Scherz, der Spaß
  per scherzo — zum Scherz (Spaß!)

senza scherzi	ohne Spaß, im Ernst!
la schiena	der Rücken
voltare la schiena	den Rücken kehren
lo sci, gli sci	der Ski
sciare	Ski fahren
la scienza	die Wissenschaft
uomo di scienza	Wissenschaftler
sciogliere	(auf-)lösen, loslassen, schmelzen, losmachen
la neve si scioglie	der Schnee schmilzt
lo sciopero	der Streik
scivolare	gleiten, rutschen, ausrutschen
la scommessa	die Wette
scommessa di 10.000 lire	Wette um 10.000 Lire
scommettere	wetten
lo scompartimento	das Abteil (Zug)
lo scontrino	der Schein, der Zettel
lo scontrino di cassa	der Kassenzettel
lo scontro	der Zusammenstoß
lo sconosciuto	der Unbekannte
mi è sconosciuto	er ist mir unbekannt
la scoperta	die Entdeckung
lo scopo	der Zweck, das Ziel
a che scopo?	wozu?
senza scopo	zwecklos
a scopo di studio	studienhalber
scoprire	entdecken, entblößen
scorgere	erblicken, bemerken
scorso	vorig, vergangen
l'anno scorso	voriges Jahr
lo scritto	die Schrift, das Schreiben
in/per iscritto	schriftlich
lo scrittore	der Schriftsteller
scrivere	schreiben
la scuola	die Schule
scuro	dunkel, finster
la scusa	die Entschuldigung, die Ausrede
scusar(si)	(sich) entschuldigen, verzeihen
scusi!	entschuldigen Sie bitte! Entschuldigung!
se	wenn, falls, ob
se viene	wenn er kommt

non so se viene
: ich weiß nicht, ob er kommt

sebbene
: obwohl

sebbene piova, esco
: obwohl es regnet, gehe ich aus

secco
: trocken, vertrocknet, herb

lavaggio a secco
: Trockenreinigung

il secolo
: das Jahrhundert

dell'altro secolo
: aus dem vorigen Jahrhundert

la sede
: der Sitz, die Stelle

in sede competente
: an zuständiger Stelle

sedere (essere/stare seduto)
: sitzen

sedersi
: sich setzen

la sedia
: der Stuhl

la seduta
: die Sitzung

seduta stante
: auf der Stelle, während der Sitzung

tenere la seduta
: die Sitzung abhalten

il segnale
: das Zeichen

segnale stradale
: das Verkehrszeichen

segnale orario
: Zeitzeichen, Zeitansage

segnale di divieto
: Verbotszeichen

la segnaletica
: die Verkehrszeichen

la segretaria
: die Sekretärin

il segretario
: der Sekretär

il segreto
: das Geheimnis

seguire
: folgen, verfolgen, befolgen

egli segue il tuo esempio
: er folgt deinem Beispiel

come segue
: wie folgt

il seguito
: das Gefolge, die Folge, Fortsetzung

a seguito
: in bezug auf (Akk.)

in seguito
: nachher, später

in seguito a ciò
: infolgedessen

il semaforo
: die Verkehrsampel

sembrare
: scheinen, aussehen, vorkommen

sembra malato
: er scheint krank zu sein

semplice/semplicemente
: einfach, leicht

sempre
: immer, stets

sensibile
: empfindlich, erheblich

il senso
: der Sinn, die Bedeutung

perdere i sensi
: das Bewußtsein verlieren

ciò non ha senso
: das hat keinen Sinn

senso unico	Einbahn
la sentenza	das Urteil
il sentimento	das Gefühl, das Empfinden
sentire	hören, spüren, empfinden, zuhören, anhören
sentirsi	sich fühlen
ti senti male?	fühlst du dich unwohl?
senza	ohne; los
senz'altro	ohne weiteres
separar(si)	(sich) trennen, scheiden
la sera, la serata	der Abend
di sera	abends
questa sera	heute abend
una sera	eines Abends
la sera prima/dopo	der Abend vorher/nachher
sereno	klar, heiter, sorglos
torna il sereno	es wird wieder hell (Wetter)
vita serena	sorgloses Leben
serio	ernst, anständig
sul serio	im Ernst
ragazza seria	anständiges Mädchen
servire	(sich) bedienen, dienen
servire d'esempio	als Beispiel dienen
si serva pure!	bedienen Sie sich!
il servizio	der Dienst, die Dienstleistung
in servizio	im Dienst (in Betrieb)
fuori servizio	außer Dienst
di servizio	diensthabend
per servizio	dienstlich
la sete	der Durst
morire di sete	vor Durst sterben, verdursten
la settimana	die Woche
in settimana	im Laufe der Woche
settimanalmente	wöchentlich
la sfiducia	das Mißtrauen
sfortunato	unglücklich
essere sfortunato	kein Glück haben
sgridare	(aus-)schimpfen, schelten
lo sguardo	der Blick
al primo sguardo	auf den ersten Blick
fin dove lo sguardo arriva	soweit das Auge reicht
con lo sguardo basso	mit gesenktem Blick

si
    che cosa si vede?
    da qui si vedono i monti

man
    was sieht man?
    von hier aus sieht man die Berge

sì
    credo di sì
    far sì che

ja
    ich glaube schon
    dafür sorgen, daß

la sicurezza

die Sicherheit

sicuro/sicuramente
    in modo sicuro

sicher, gewiß, bestimmt
    ganz bestimmt

significare
    cosa significa ciò?
    che significa questo?

bedeuten
    was heißt das?
    was soll das?

la signora

die Frau, die Dame

il signore
    egregi signori!

der Herr
    sehr geehrte Herren!

la signorina

das Fräulein

il silenzio
    zona del silenzio
    in silenzio
    fate silenzio!
    silenzio!

die Stille, das Schweigen
    Zone mit Hupverbot
    schweigend, still
    seid still/ruhig!
    Ruhe!

simile/similmente

ähnlich

sincero

aufrichtig

il sindacato
    il sindacalista
    sindacato operaio

die Gewerkschaft
    der Gewerkschaftler
    die Arbeitergewerkschaft

il sindaco, i sindaci

der Bürgermeister, die Revisoren

singolo
    camera singola

einzeln, Einzel-
    Einzelzimmer

sinistro
    la mano sinistra
    a sinistra

link
    die linke Hand
    links/nach links

sistemare

regeln, ordnen, in Ordnung bringen, erledigen, unterbringen

    sistemare il conto
    si è sistemato bene nella nuova casa

    die Rechnung begleichen
    er hat sich im neuen Haus gut eingerichtet

la situazione

die Lage, die Situation

smarrir(si)

verlieren, sich verirren, sich verfahren

    smarrire la via

    den Weg verfehlen

smettere — aufhören
  la smetta! — hören Sie auf!
sociale — gesellschaftlich, sozial, Sozial-...
la società — die Gesellschaft
  società per azioni — Aktiengesellschaft
il socio — der Teilhaber, das Mitglied
soddisfare — befriedigen, zufriedenstellen
la soddisfazione — die Befriedigung, die Genugtuung
  con mia soddisfazione — zu meiner Genugtuung
soffrire — ausstehen, (er-)leiden, ertragen
  soffrire un danno — einen Schaden erleiden
  non posso soffrirlo — ich kann ihn nicht ausstehen
soffocare — ersticken, unterdrücken
il soggetto — der Gegenstand, der Stoff, das Subjekt, das Thema
  soggetto a dogana — zollpflichtig
il soggiorno — der Aufenthalt
  stanza di soggiorno — Wohnzimmer
  permesso di soggiorno — Aufenthaltserlaubnis
il sogno — der Traum
il sole — die Sonne
  al sole — in der Sonne
  esposto al sole — sonnig
solenne — feierlich
(di) solito — gewöhnlich, üblich
  fuori del solito — außergewöhnlich
  ai soliti prezzi — zu den üblichen Preisen
solo/solamente — allein, nur, erst
la somma — die Summe, der Betrag
  insomma — schließlich, nun
sopra — über, auf, oben
  lì sopra — dort oben
soprattutto — vor allem, besonders, hauptsächlich
sopravvivere — überleben, fortleben
sopportare — ertragen, dulden, aushalten
  non posso sopportare ciò — das kann ich nicht dulden
  non sopporto ciò — ich halte das nicht aus
sordo — taub
  duro d'orecchi — schwerhörig
la sorella — die Schwester

sorgere	sich erheben, aufgehen, entstehen
sorpassare	überholen, überschreiten
sorprendere	überraschen, erwischen, erstaunen
la sorpresa	die Überraschung, das Erstaunen
di sorpresa	plötzlich
con mia grande sorpresa	zu meiner großen Verwunderung
il sospetto	der Verdacht
sosta vietata	Halteverbot
senza sosta	rastlos, pausenlos
sostenere	behaupten, unterstützen, bestehen, halten
sostenere un esame	eine Prüfung bestehen
sottile	dünn, fein
sotto	unter, unten
il cane è sotto il tavolo	der Hund ist unter dem Tisch
il vino è di sotto (in cantina)	der Wein ist unten (im Keller)
il sottoscritto	der Unterzeichnete, der Unterfertigte
sottosopra	durcheinander, drunter und drüber
sottovalutare	unterschätzen, unterbewerten
sparare	schießen
sparire	verschwinden
spaventare/spaventarsi	erschrecken
spaventato	erschrocken
si spaventa facilmente	er erschrickt leicht
lo spazio	der Raum, der Platz
la spazzola	die Bürste
specialmente	besonders
spedire	ab-, versenden, abschicken
spegner(si)	auslöschen, ausgehen (Licht)
spendere	ausgeben
sperare (in)	hoffen (auf)
speriamo	hoffentlich
la spesa	die Ausgabe
senza spesa	kostenlos
fare la spesa	einkaufen
spesso	oft
spesse volte	oftmals

lo spettatore	der Zuschauer
spiegare	erklären, ausdrücken
mi spiego	ich erkläre es
spingere	drücken, schieben, drängen,
splendere	scheinen, leuchten
spogliar(si)	(sich) ausziehen
sporco, sporchi	schmutzig, dreckig
lo sport	der Sport
per sport	aus Sport
fare dello sport	Sport treiben
lo sportello	der Schalter
lo sportivo	der Sportler, Sport-, sportlich
campo sportivo	Sportplatz
sposar(si)	verheiraten/heiraten
spostare	verschieben, verlegen
la squadra	die Mannschaft, die Gruppe
squadra volante	Überfallkommando
stabilire	beschließen, entscheiden, vereinbaren
stabilire il motivo	die Ursache feststellen
stabilire un record	einen Rekord aufstellen
stabilire un termine	einen Termin festsetzen
si stabilì a Roma	er hat sich in Rom niedergelassen
la stagione	die Jahreszeit
mezza stagione	Übergangszeit
liquidazione di fine stagione	Ausverkauf
la stampa	die Presse, der Druck
dare alle stampe	drucken lassen
stampare	drucken
stanco	müde
stare	stehen, bleiben, passen, wohnen
come stai?	wie geht es dir?
dove stai di casa?	wo wohnst du?
il vestito ti sta bene	das Kleid steht/paßt dir gut
dove stai tutto il giorno?	wo bleibst du denn den ganzen Tag?
stasera	heute abend
lo stato	der Staat, der Zustand
uomo di stato	Staatsmann
lo stato dell'ammalato	der Zustand des Kranken
lo statuto	das Statut, die Verfassung

lo statuto regionale	das Regionalstatut
lo statuto speciale	das Sonderstatut
la stazione	der Bahnhof, die Station
la stella	der Stern, der Star
stesso	gleich, selbst
stimare	schätzen, begutachten
lo stipendio	das Gehalt
lo stomaco	der Magen
la storia	die Geschichte
la strada	die Straße
strada principale	Hauptstraße
strada secondaria	Nebenstraße
per strada	unterwegs
lo straniero	der Fremde, der Ausländer
straniero	fremd, ausländisch
vocabolo straniero	Fremdwort
strano/stranamente	seltsam, sonderbar, komisch
stretto	eng, schmal
la striscia	der Streifen
la striscia pedonale	der (Fußgänger-)Streifen, der Zebrastreifen
lo strumento	das Gerät, das Werkzeug
stufo	müde, satt
sono stufo	ich habe es satt
stupir(si) (di)	sich wundern (über), staunen (über)
su	auf, über, hinauf, herauf, oben
sulla terra	auf der Erde
venite su!	kommt herauf!
andiamo su!	gehen wir hinauf!
su e giù	auf und ab
verso su	aufwärts
subire	erleiden, erfahren
subire offesa	beleidigt werden
subito	sofort, gleich, bald
succedere	geschehen, vorkommen, passieren
il successo	der Erfolg
senza successo	erfolglos
coronato dal successo	erfolgreich
il sud	der Süden
al sud	nach/im Süden

    verso sud   gegen Süden
sudare schwitzen
    sudavo freddo   es überlief mich kalt
sufficiente/sufficientemente genügend
    essere sufficiente   ausreichen
suonare klingeln, läuten, spielen (Musik)
    suonano le due   es schlägt zwei Uhr
    chi suona alla porta?   wer läutet an der Tür?
    suona il piano   es spielt Klavier
    suona il campanello   es klingelt
superare überragen, übertreffen, bestehen
    überholen, überwinden
superbo stolz
    essere superbo (di)   stolz sein (auf)
superficiale oberflächlich
la superficie die Fläche
    alla superficie   an der Oberfläche
il superiore der Vorgesetzte
    qualità superiore   erste/beste Qualität
il supplemento der Zuschlag
    supplemento di prezzo   Preisaufschlag
supplire vertreten, ersetzen
lo svantaggio der Nachteil
    a mio svantaggio   zu meinem Nachteil
svegliare wecken
svegliarsi aufwachen, erwachen
sviluppare entwickeln
    avere sviluppo   sich entwickeln
lo sviluppo die Entwicklung
    nel suo pieno sviluppo   in voller Entwicklung
la svista das Versehen
    per svista   aus Versehen, versehentlich

T

tacere schweigen, still sein, verschweigen
    taci una buona volta!   halte doch endlich den Mund!
tagliare (ab-, weg-, durch-)schneiden
    tagliare la legna   Holz hacken
    tagliare l'erba   Gras mähen
    tagliare la strada   den Weg versperren
    tagliare la corda   sich aus dem Staube machen

tagliare l'albero	den Baum fällen
tagliare a pezzi	in Stücke schneiden
talvolta	manchmal
tanto	so, sehr, soviel, viel
tanto ... quanto	sowohl ... als auch
il tappeto	der Teppich
tardi	spät
la targa, le targhe	das (Auto-)Kennzeichen, das Schild
la tasca, le tasche	die Tasche
la tassa	die Gebühr, die Steuer
tasse scolastiche	Schulgebühren
ufficio tasse	Steueramt
il tavolo	der Tisch
il tedesco, i tedeschi	der/die Deutsche
tedesco	deutsch
lingua tedesca	das Deutsche
alla tedesca	auf deutsche Art
in tedesco	auf deutsch
telefonare	anrufen, telefonieren (mit)
telefonare a casa	zu Hause anrufen
il telegramma	das Telegramm
spedire un telegramma	ein Telegramm schicken
la televisione	das Fernsehen
il televisore	das Fernsehgerät
temere	(be)fürchten, sich fürchten vor
il tempo	die Zeit, das Wetter
al tempo di Carlo Magno	zur Zeit Karls des Großen
primo tempo	erste Halbzeit (Sport/Film)
in tempo	rechtzeitig
il temporale	das Gewitter
la tenda	der Vorhang, das Zelt
tenere	abhalten, leisten, halten
tenere conto	berücksichtigen
tenere seduta	Sitzung (ab)halten
tenere compagnia	Gesellschaft leisten
tentare	versuchen, verlocken
terminare	beenden, enden, aufhören
il film è terminato	der Film ist zu Ende
la scuola terminò alle due	die Schule war um zwei aus
ho terminato	ich bin fertig
la terra	die Erde, der Boden

a terra	am Boden
sulla terra	auf Erden
il terreno	der Boden, der Grund, das Gelände
la tessera	der Ausweis, die Mitgliedskarte
la testa	der Kopf
il teste	der Zeuge
il testo	der Text, das Werk
il tetto	das Dach
il timbro	der Stempel
timido	schüchtern, scheu
il timore	die Furcht, die Befürchtung
senza timore	furchtlos
tirare	ziehen, werfen, schießen
tirare via	abreißen, wegziehen
tirare avanti	weitermachen
toccare	berühren, angreifen
tollerare	sich gefallen lassen, dulden, ertragen
non lo tollera	das läßt er sich nicht gefallen
la tomba	das Grab
tra	zwischen, unter
tra te e me	zwischen dir und mir
tra loro	untereinander
tra due giorni	in zwei Tagen
tra sé	bei/für sich
tradire	verraten
tradire la fiducia	das Vertrauen mißbrauchen
tradurre	übersetzen
la traduzione	die Übersetzung
il traffico	der Verkehr
trainare	schleppen, ziehen
vietato farsi trainare	Anhängen verboten
la tranquillità	die Ruhe
transito	der Durchgang, die Durchfahrt
vietato il transito!	kein Durchgang!
trascorrere	verbringen
trasmettere	senden, übermitteln
il trasporto	die Beförderung, der Transport
trattare	behandeln
di che cosa si tratta?	worum handelt es sich?
trattener(si)	(sich) aufhalten

il treno	der Zug
treno diretto	Schnellzug
treno accelerato	Personenzug
il tribunale	das Gericht
triste	traurig, betrübt
troppo	zu, zuviel
trovare	finden
trovarsi	sich befinden, sein
trovarsi d'accordo	einig sein
la truffa	der Betrug
il tuono	der Donner
turbar(si)	stören, betrüben, die Fassung verlieren, sich beunruhigen
il turismo	der Fremdenverkehr
il turista	der Tourist
tutt'al più	höchstens
tuttavia	trotzdem, jedoch, doch
pur tuttavia	und doch
tutti	alle
tutti e due	beide
tutto	ganz, all, alles
questo è tutto	das ist alles
tutta la gente	alle Leute

U

ubbidire	gehorchen, folgen
devi ubbidire!	du sollst gehorchen!
l'uccello	der Vogel
uccidere	töten, umbringen
l'udito	das Gehör
per udito dire	vom Hörensagen
ha l'udito grosso	er ist schwerhörig
l'ufficiale	der Offizier, der Beamte
ufficiale giudiziario	Gerichtsvollzieher
pubblico ufficiale	Amtsperson
ufficiale/ufficialmente	offiziell, amtlich
lingua ufficiale	Amtssprache
l'ufficio, gli uffici	das Amt, das Büro (privat)
ufficio imposte	Steueramt
uguale/ugualmente	gleich
ulteriore	weiter
per ulteriori informazioni	für weitere Auskünfte

ultimo	letzt
l'ultimo	der letzte
l'ultimo mese	der letzte Monat
in ultimo	zuletzt
ultimamente	vor kurzem, neulich
l'umanità	die Menschheit, die Menschlichkeit
umano	menschlich
l'umidità	die Feuchtigkeit
umido	feucht
caldo umido	feuchtwarm
l'umore	die Laune
di buon umore	gutgelaunt
unico	einzig, einmalig
figlio unico	einziger Sohn
unire	(ver)einigen
l'uomo, gli uomini	der Mensch, der Mann
l'uovo, le uova	das Ei
uovo sodo	hartes Ei
urgente/urgentemente	dringend
urtare	stoßen, anfahren, zusammenstoßen
l'usanza	die Sitte, der Brauch
secondo l'usanza	nach der Sitte, wie gewöhnlich
usare	gebrauchen, verwenden, erweisen
uscire	heraus-, hinausgehen, ausgehen, ausfahren
uscire di strada	vom Weg abkommen
esci!	hinaus!
l'uscita	der Ausgang, die Ausfahrt, die Ausgabe (Zeitung)
uscita di sicurezza	Notausgang
l'uso	der Brauch, die Gewohnheit, der Gebrauch
istruzioni per l'uso	Gebrauchsanweisung
in uso	gebräuchlich
fuori uso	außer Gebrauch
l'utente	der Teilnehmer, der Benutzer
utile/utilmente	nützlich
utilizzare	gebrauchen, verwenden benutzen

V

la vacanza	die Ferien, der Urlaub
il vaglia, i vaglia	die Postanweisung
valere	gelten, wert sein
non vale nulla	es ist nichts wert
vale a dire	das heißt
valido	gültig, wirksam, tüchtig
la valle	das Tal
scendere a valle	zu Tal fahren (gehen)
il valore	der Wert, die Tapferkeit
campione senza valore	Muster ohne Wert
di gran valore	wertvoll
di nessun valore	wertlos
valutare	einschätzen, abschätzen, schätzen, bewerten
il vano	der Raum
vano vuoto	leerer Raum
il vantaggio	der Vorteil
vantaggioso	vorteilhaft
vario	verschieden
la vasca	das Wasserbecken, die Wanne
vasto	weit, ausgedehnt
vecchio, vecchi	alt
vedere	sehen, sich ansehen
vedremo	wir werden sehen
visto e approvato	gesehen und genehmigt
la vedova	die Witwe
il vedovo	der Witwer
vegliare	wachen
vegliare qualcuno	bei jemandem wachen
veloce	schnell, geschwind, rasch
la velocità	die Geschwindigkeit
vendere	verkaufen
vendicar(si) (di)	(sich) rächen
mi vendico di lui	ich räche mich an ihm
la vendita	der Verkauf, der Absatz
vendita a contanti	Barverkauf
offrire in vendita	zum Verkauf anbieten
venire	kommen
venire a prendere	abholen
venire in mente	einfallen

il vento — der Wind
   oggi c'è vento — heute ist es windig
il verbale — das Protokoll
   mettere a verbale — zu Protokoll geben
   stendere un verbale — ein Protokoll aufnehmen
verde — grün
   essere al verde — pleite sein
la verdura — das Gemüse
vergognarsi — sich schämen
   si vergogni! — schämen Sie sich!
la verità — die Wahrheit
verificare — prüfen, kontrollieren
   verificando la merce — beim Prüfen der Ware
vero/veramente — wahr, echt, richtig
il versamento — die Einzahlung
   distinta di versamento — Einzahlungsschein
versare — einschenken, eingießen, einzahlen
   ho versato la somma — ich habe den Betrag eingezahlt
   versa il vino! — schenk den Wein ein!
verso — gegen, nach
   andiamo verso il Brennero — wir fahren gegen den Brenner
vestir(si) — (sich) anziehen, sich ankleiden
il vestito — das Kleid (Frau), der Anzug (Herr)
la vetrina — das Schaufenster
il vetro — das Glas, die Fensterscheibe
   di vetro — aus Glas
la vettura — der Wagen
la via — der Weg, die Straße
   via libera — freie Fahrt
   via di mezzo — Mittelweg
   in via/per la via — unterwegs
   in via amichevole — in Güte
   in via eccezionale — ausnahmsweise
   via Brennero — über den Brenner
via — weg, fort, los
   e così via — und so weiter
   va via! — geh weg!
   è andato via — er ist fortgegangen
   1, 2, 3, via! — 1, 2, 3, los!
il viaggiatore — der Reisende

la viaggiatrice	die Reisende
il viaggio	die Reise, die Fahrt
in viaggio	auf Reisen
la vicinanza	die Nähe, die Umgebung
nelle vicinanze	in der Umgebung
il vicino/la vicina	der Nachbar, die Nachbarin
la vicenda	das Ereignis, die Begebenheit
a vicenda	gegenseitig, abwechselnd
vicino	neben, nahe, in der Nähe
il vigile	der Schutzmann, der Stadtpolizist
il vigneto	der Weinberg
il vino	der Wein
violento	gewaltsam, gewalttätig
un uomo violento	ein gewalttätiger Mensch
la violenza	die Gewalt, die Stärke, der Zwang
la virtù	die Tugend
la visita	der Besuch, die Untersuchung, die Besichtigung
visita al museo	Museumsbesichtigung
domani abbiamo visite	morgen haben wir Besuch
visitare	besuchen, besichtigen, untersuchen
visitare un malato	einen Kranken untersuchen/besuchen
il visto	das Visum, der Sichtvermerk
visto che...	in Anbetracht der Tatsache, daß...
visto e approvato	gesehen und genehmigt
devi far mettere il visto	du mußt es mit dem Sichtvermerk versehen lassen
manca il visto	der Sichtvermerk fehlt
la vita	das Leben
è in vita	er ist am Leben
la vittima	das Opfer
il vitto	die Kost, die Verpflegung
vivace	lebhaft, rege
vivere	leben, erleben
i viveri	die Lebensmittel, die Nahrungsmittel
vivo	lebend, lebendig

farsi vivo	ein Lebenszeichen von sich geben
viva gratitudine	aufrichtige Dankbarkeit
viziare	verwöhnen, verderben
il vizio	das Laster, der Fehler, die schlechte Angewohnheit
vizio di forma	Formfehler
il vocabolario	das Wörterbuch
consultare il vocabolario	im Wörterbuch nachschlagen
la voce	die Stimme, das Stichwort (Lexikon)
ad alta voce	laut
a bassa voce	leise
la voglia	die Lust
di buona voglia	gern
di mala voglia	ungern
volare	fliegen
il volo	der Flug
volentieri	gern
volere	wollen, mögen
la volontà	der Wille(n)
la volta	das Mal, die Wendung
una volta	einmal, einst
uno alla volta	einer nach dem anderen
quella volta	damals
voltar(si)	drehen, (sich) umdrehen, (sich) umwenden
voltare l'angolo	um die Ecke biegen
voltare la macchina	das Auto wenden
il volume	der Umfang, die Menge, der Band
volume d'acqua	Wassermenge
abbassare il volume della radio	das Radio leiser stellen
vuoto	leer

Z

lo zaino	der Rucksack
lo zero, gli zeri	die Null
la zia	die Tante
lo zio	der Onkel
zitto	still
sta zitto!	sei still! Ruhe!

la zona	die Zone, das Gebiet
zona di frontiera	Grenzgebiet
zona verde	Grüne Zone
lo zucchero	der Zucker
la zuppa	die Suppe
zuppa di verdura	Gemüsesuppe

MESI
gennaio
febbraio
marzo
aprile
maggio
giugno
luglio
agosto
settembre
ottobre
novembre
dicembre

MONATE
Jänner (Januar)
Februar (Feber)
März
April
Mai
Juni
Juli
August
September
Oktober
November
Dezember

GIORNI DELLA SETTIMANA
lunedì
martedì
mercoledì
giovedì
venerdì
sabato
domenica

WOCHENTAGE
Montag
Dienstag
Mittwoch
Donnerstag
Freitag
Samstag
Sonntag

MISURE E PESI

MASSE UND GEWICHTE

un metro	1	m	ein Meter
due metri	2	m	zwei Meter
un centimetro	1	cm	ein Zentimeter
un chilometro	1	km	ein Kilometer
duecento chilometri	200	km	zweihundert Kilometer
un metro e cinquanta	1,50	m	ein Meter fünfzig
un grado sotto zero	—1°		ein Grad unter Null (minus)
quattro gradi sopra zero	+4°		vier Grad über Null (plus)
cento grammi, un etto	100	g	hundert Gramm, zehn Deka
un chilo(grammo)	1	kg	ein Kilo(gramm)

un litro	1	l	ein Liter
due litri	2	l	zwei Liter
uno per cento	1	%	ein Prozent
un quintale	1	q	ein Doppelzentner
mezzo	½		halb
un terzo	⅓		ein Drittel
un quarto	¼		ein Viertel
uno e mezzo	1½		anderthalb

DATA / DATUM

1-10-1976 — 1. 10. 1976
(il primo ottobre 1976) — (der erste Oktober 1976)
2-10-1976 — 2. 10. 1976
(il due ottobre 1976) — (der zweite Oktober 1976)
3-10-1976 — 3. 10. 1976
(il tre ottobre 1976) — (der dritte Oktober 1976)
Abbiamo il primo ottobre — Heute ist der erste Oktober
Abbiamo il due ottobre — Heute ist der zweite Oktober

NUMERI CARDINALI / KARDINALZAHLEN

0	**(lo)zero**	null, die Null
1	**uno**	eins
2	**due**	zwei
3	**tre**	drei
4	**quattro**	vier
5	**cinque**	fünf
6	**sei**	sechs
7	**sette**	sieben
8	**otto**	acht
9	**nove**	neun
10	**dieci**	zehn
11	**undici**	elf
12	**dodici**	zwölf
13	**tredici**	dreizehn
14	**quattordici**	vierzehn
15	**quindici**	fünfzehn
16	**sedici**	sechzehn

17	diciasette	siebzehn
18	diciotto	achtzehn
19	diciannove	neunzehn
20	venti	zwanzig
21	ventuno	einundzwanzig
30	trenta	dreißig
40	quaranta	vierzig
50	cinquanta	fünfzig
60	sessanta	sechzig
70	settanta	siebzig
80	ottanta	achtzig
90	novanta	neunzig
100	cento	hundert
101	cento e uno	hundert (und) eins
200	duecento	zweihundert
1000	mille	(ein-)tausend
2000	due mila	zweitausend
	un milione	eine Million
	un miliardo	eine Milliarde

NUMERI ORDINALI — ORDINALZAHLEN

il primo	der erste
il secondo	der zweite
il terzo	der dritte
il quarto	der vierte
il quinto	der fünfte
il sesto	der sechste
il settimo	der siebte
l'ottavo	der achte
il nono	der neunte
il decimo	der zehnte
l'undicesimo	der elfte
il dodicesimo	der zwölfte
il tredicesimo	der dreizehnte
il quattordicesimo	der vierzehnte
il quindicesimo	der fünfzehnte
il sedicesimo	der sechzehnte

il diciassettesimo	der siebzehnte
il diciottesimo	der achtzehnte
il diciannovesimo	der neunzehnte
il ventesimo	der zwanzigste
il ventunesimo	der einundzwanzigste
il trentesimo	der dreißigste
il quarantesimo	der vierzigste
il cinquantesimo	der fünfzigste
il sessantesimo	der sechzigste
il settantesimo	der siebzigste
l'ottantesimo	der achtzigste
il novantesimo	der neunzigste
il centesimo	der hundertste
il duecentesimo	der zweihundertste
il millesimo	der tausendste

I CONTINENTI — KONTINENTE

l'Africa	Afrika
l'America	Amerika
l'Asia	Asien
l'Australia	Australien
l'Europa	Europa

GLI STATI d'EUROPA — DIE STAATEN EUROPAS

l'Albania	Albanien
l'Austria	Österreich
il Belgio	Belgien
la Cecoslovacchia	Tschechoslowakei
la Danimarca	Dänemark
la Finlandia	Finnland
la Francia	Frankreich
la Germania	Deutschland
la Grecia	Griechenland
l'Inghilterra	England
l'Irlanda	Irland
l'Islanda	Island
l'Italia	Italien

la Jugoslavia	Jugoslawien
il Lichtenstein	Lichtenstein
il Lussemburgo	Luxemburg
la Norvegia	Norwegen
(l'Olanda)	(Holland)
i Paesi Bassi	(die) Niederlande
il Portogallo	Portugal
la Romania	Rumänien
la Russia	Rußland
la Spagna	Spanien
la Svezia	Schweden
la Svizzera	(die) Schweiz
l'Ungheria	Ungarn

Kurt Egger
Zweisprachigkeit in Südtirol
Probleme zweier Volksgruppen an der Sprachgrenze

192 Seiten, Format 13 × 19 cm, kartoniert.

Egger ist Mitglied mehrerer Kommissionen, die sich mit Problemen der Zweisprachigkeit und des Zweisprachenunterrichts befassen. In seinem Buch versucht er objektiv das Sprachleben in Südtirol von 1920 bis heute zu beleuchten, über Ursachen der Sprachbewahrung und Sprachverlagerung aufzuklären und Grundsätze für eine Sprachpolitik aufzuzeigen.

Kurt Egger
Bilinguismo in Alto Adige
Problemi e prospettive

Traduzione dal tedesco a cura di Carlo Milesi. 192 pagine, formato 17 × 23,5 cm, brossura.

"Si può dire che quest'opera, mentre riassume quanto di meglio era stato scritto finora sull'argomento, completa le precedenti indagini con nuovi dati che illustrano i rapporti tra le due comunità linguistiche, nei loro sviluppi e nei loro orientamenti." (Istituto di studi per l'Alto Adige).

ATHESIAVERLAG
CASA EDITRICE ATHESIA